ERP 沙盘模拟
高级指导教程

（第 3 版）

王新玲　郑文昭　马雪文　编著

清华大学出版社

北　京

内 容 简 介

"ERP 沙盘模拟"是目前高等院校经管类学科普遍开设的一门企业经营管理实训课程。"ERP 沙盘模拟"课程自 2003 年面世以来，其体验式教学方法获得受训者的广泛认可，成为继传统教学与案例教学之后的一种新的教学尝试。"ERP 沙盘模拟"课程及其教学方法不仅适用于高等院校经济管理专业及其他专业的实训教学，亦适用于企业开展旨在提升管理知识、训练管理技能的各类培训。

本书共分 6 个项目。课前导读部分简要地介绍了开设"ERP沙盘模拟"课程的目标、内容及方法；项目一引导建立企业竞争组织并介绍了模拟企业背景；项目二对企业竞争规则做了综述；项目三通过引导起始年介绍了企业运营流程；项目四通过模拟一个企业六年的经营过程，帮助读者体验企业业务运作与经营管理全过程；项目五记录了模拟企业笨笨公司企业信息化的全过程，帮助大家实现从手工管理到信息化管理的转型；项目六对与"ERP沙盘模拟"课程配套的"创业者"电子沙盘的操作进行了简要介绍。另外，附录中给出了企业竞争模拟中用到的表格、辅助计算工具等。

图书在版编目(CIP)数据

ERP 沙盘模拟高级指导教程 / 王新玲，郑文昭，马雪文 编著. —3 版. —北京：清华大学出版社，2014（2022.12重印）

ISBN 978-7-302-36026-1

Ⅰ. ①E… Ⅱ. ①王… ②郑… ③马… Ⅲ. ①企业管理—计算机管理系统—教材 Ⅳ. ①F270.7

中国版本图书馆 CIP 数据核字(2014)第 065943 号

责任编辑：刘金喜
封面设计：朱 迪
版式设计：孔祥峰
责任校对：成凤进
责任印制：沈 露

出版发行：清华大学出版社

   网 址：http://www.tup.com.cn，http://www.wqbook.com
   地 址：北京清华大学学研大厦 A 座 邮 编：100084
   社 总 机：010-83470000 邮 购：010-62786544
   投稿与读者服务：010-62776969，c-service@tup.tsinghua.edu.cn
   质 量 反 馈：010-62772015，zhiliang@tup.tsinghua.edu.cn
   课 件 下 载：http://www.tup.com.cn，010-62794504

印 装 者：北京嘉实印刷有限公司
经 销：全国新华书店
开 本：185mm×260mm 印 张：12.75 字 数：294 千字
版 次：2006 年 10 月第 1 版 2014 年 5 月第 3 版 印 次：2022 年 12 月第 16 次印刷
定 价：45.00 元

产品编号：059479-03

前　言

对刚开始大一新生活的大学生们来说，紧绷的那根"高考"弦终于放松，十几年的努力学习总算有了一个结果，渐渐地失去了前行的目标，很容易松懈下来；对在学的大学生来说，虽然他们在读这样或那样的专业，但对这个专业究竟是做什么的难能描述一二，基础课、专业课，不知道为什么学，学了有什么用；加上传统的教学方法不注重调动学生的主动性，还有信息化社会的种种诱惑，于是"厌学"成为大学校园中的普遍现象，"有木有"？

如果有这样一个课程，能够让你了解你就读的专业未来在企业中担负着怎样的职责，这个岗位的主要工作内容是什么，你目前的知识和能力是否能胜任这份工作，如果不喜欢这个类型的工作，还有哪些岗位适合你，你行不行？你差在哪？我想学生就会有足够的动力去拾遗补缺，让自己的知识和能力尽可能地贴近岗位要求，这正是教育的责任所在。

"ERP沙盘模拟"采用了一种全新的教学方法，既能让受训者全面学习、掌握经济管理知识，又可以充分调动受训者学习的主动性；同时，让受训者身临其境，真正感受一个企业经营者直面的市场竞争的精彩与残酷，承担经营风险与责任，并由此综合提高受训者经营管理的素质与能力。

本书是"ERP沙盘模拟"课程的配套用书，相比第2版，本书增加了信息化和电子沙盘的内容。纵观全书结构不难看出，本书涵盖了从模拟物理沙盘对抗到模拟企业的信息化实施再到创业实训逻辑这样一个完整的课程体系，为受训者提供了手工模拟、信息化演练和电子对抗三个阶段的学习指导。

本书由王新玲、郑文昭、马雪文编著，天津中德职业技术学院齐媛老师编写了项目六，此外王腾、宋郁、王晨、吕志明、房琳琳、彭飞、汪刚、张冰冰、陈利霞、石焱、王贺雯、周宏等老师也参与了图书的编写，在此表示深深的谢意。

由于作者水平所限，书中难免有疏漏之处，敬请大家指正。如果有关于课程改进的思路和建议，可直接发送邮件至 wxling6618@sina.com 进行交流。

本书PPT课件可通过 www.tupwk.com.cn/downpage 下载。

服务邮箱：wkservice@vip.163.com

作　者
2014年2月

目　录

课程导读

目标·内容·方法

　　人的时间和精力是有限的，在有限的生命中，我们每天都面临着这样的选择：做什么和不做什么。

　　决定做一件事之前，一般要了解"为什么"和"是什么"，着手做的时候则关心"怎样做"，做过之后会反思"做得怎样"，大千世界，事及万物，莫不如此。

课程导读中会告诉你：

➢ 为什么要学习这门课

➢ 这门课是讲什么的

➢ 如何才能学好这门课

目　标

拓展知识体系，提升管理技能

传统教育划分了多个专业方向，学习者只能择其一而修，专业壁垒禁锢了学习者的发展空间和思维方式。ERP沙盘模拟是对企业经营管理的全方位展现，通过学习，可以使受训者在以下方面获益。

1. 全方位认知企业

全方位认识企业，了解企业的组织机构设置、各管理机构的职责和工作内容，对未来的职业方向建立基本认知。通过企业经营了解企业管理体系和业务流程，理解物流、资金流、信息流的协同过程。

2. 战略管理

成功的企业一定有着明确的企业战略，包括产品战略、市场战略、竞争战略及资金运用战略等。从最初的战略制订到最后的战略目标达成分析，连续六年的企业运作，经过感性了解、理性思考、科学管理，受训者将学会用战略的眼光看待企业的业务和经营，保证业务与战略的一致，在未来的工作中更多地获取战略性成功而非机会性成功。

3. 营销管理

市场营销就是企业用价值不断来满足客户需求的过程。企业所有的行为、所有的资源，无非是要满足客户的需求。通过几年的模拟竞争，受训者将学会如何分析市场、关注竞争对手、把握消费者需求、制订营销战略、准确定位目标市场，制订并有效实施销售计划。

4. 生产管理

我们把生产过程管理、质量管理、设备更新、产品研发统一纳入到生产管理领域，在企业经营过程中，学习者将深刻感受生产与销售、采购的密切关系，理解生产组织与技术创新的重要性。

5. 财务管理

在沙盘模拟过程中，团队成员将清楚地掌握资产负债表、利润表的结构，通过财务报告、财务分析解读企业经营的全局，细化核算支持决策；掌握资本流转如何影响损益；通过"杜邦模型"解读企业经营的全局；理解"现金流"的重要性，学会资金预算，以最佳方式筹资，控制融资成本，提高资金使用效率。

6. 人力资源管理

从岗位分工、职位定义、沟通协作、工作流程到绩效考评，沙盘模拟中每个团队经过初期组建、短暂磨合，逐渐形成团队默契，完全进入协作状态。在这个过程中，各自为战导致的效率低下、无效沟通引起的争论不休、职责不清导致的秩序混乱等情况将使学员们深刻理解局部最优不等于总体最优，学会换位思考。在组织的全体成员有共同愿景、朝着共同的绩效目标、遵守相应的工作规范、彼此信任和支持的氛围下，企业更容易取得成功。

7. 基于信息管理的思维方式

通过 ERP 沙盘模拟，使受训者真切地体会到构建企业信息系统的紧迫性。决策来源于数据，数据来源于信息系统，企业信息系统如同飞机上的仪表盘，能够时刻跟踪企业运行状况，对企业业务运行过程进行控制和监督，及时为企业管理者提供丰富的可用信息。通过沙盘信息化体验，受训者可以感受到企业信息化的实施过程及关键点，合理规划企业信息管理系统，为企业信息化做好观念和能力上的铺垫。

全面提高受训者的综合素质

除了在提升专业知识和技能方面发挥作用，ERP 沙盘模拟还可以提高受训者的综合素质。

1. 树立共赢理念

市场竞争是激烈的，也是不可避免的，但竞争并不意味着你死我活。寻求与合作伙伴之间的双赢、共赢才是企业发展的长久之道。这就要求企业知彼知己，在市场分析、竞争对手分析上做足文章，在竞争中寻求合作，企业才会有无限的发展机遇。

2. 全局观念与团队合作

通过 ERP 沙盘模拟对抗课程的学习，受训者可以深刻体会到团队协作精神的重要性。在企业运营这样一艘大船上，CEO 是舵手、CFO 保驾护航、营销总监冲锋陷阵……在这里，每一个角色都要以企业总体最优为出发点，各司其职，相互协作，才能赢得竞争，实现目标。

3. 保持诚信

诚信是一个企业的立足之本，发展之本。诚信原则在 ERP 沙盘模拟课程中体现为对"游戏规则"的遵守，如市场竞争规则、产能计算规则、生产设备购置以及转产等具体业务的处理。保持诚信是受训者立足社会、发展自我的基本素质。

4. 个性与职业定位

每个个体因为拥有不同的个性而存在，这种个性在 ERP 沙盘模拟对抗中会显露无遗。在分组对抗中，有的小组轰轰烈烈，有的小组稳扎稳打，还有的小组则不知所措。虽然，个性特点与胜任角色有一定的关联度，但在现实生活中，很多人并不是因为"爱一行"才"干一行"的，更多的情况是需要大家"干一行"就"爱一行"。

5. 感悟人生

在市场的残酷与企业经营风险面前，是"轻言放弃"还是"坚持到底"，这不仅是一个企业可能面临的问题，更是在人生中不断需要抉择的问题，经营自己的人生与经营一个企业具有一定的相通性。

内　容

"ERP 沙盘模拟"释义

"ERP 沙盘模拟"是讲授企业经营管理的实训课程。它采用一种全新的授课方法，课程的展开就是针对一个模拟企业，把企业运营所处的内外部环境定义为一系列的规则，由受训者组成六个相互竞争的模拟企业，通过模拟企业六年的经营，使受训者在分析市场、制订战略、营销策划、组织生产、财务管理等一系列活动中，参悟科学的管理规律，全面提升管理能力。

经营是企业以市场为对象，以商品生产和商品交换为手段，为了实现企业的既定目标，使企业的投资、生产、销售等经济活动与企业的外部环境保持动态平衡的一系列有组织的活动。

管理是人们为达到预定目标，对管理对象进行有意识的计划、组织、指挥、协调和控制等活动。企业管理就是组织好人力、财力、物力、信息等资源，充分发挥资源效益，以实现企业目标。

企业的生产经营过程就是对企业资源的管理过程。

ERP 沙盘模拟是把企业运营的关键环节：战略规划、资金筹集、市场营销、产品研发、生产组织、物资采购、设备投资与改造、财务核算与管理、企业信息化建设等几个部分设计为可视的实体模型，用于模拟企业运营，具有简单、直观的特点。

以简驭繁，以小见大。

"ERP 沙盘模拟" 课程 1-2-3

组织准备工作	企业基本情况	企业运营规则	初始状态设定	企业竞争模拟	现场案例解析

1. 组织准备工作

➢ 学员分组　　Ａ　Ｂ　Ｃ　Ｄ　Ｅ　Ｆ

➢ 角色分配

☐ 总经理　☐ 市场主管　☐ 销售主管　☐ 生产主管

☐ 采购主管　☐ 财务主管　☐ 会计主管

换位思考

2. 企业基本情况

➢ 概况：股东期望、产品、市场占有率、生产设施、盈利能力

➢ 财务状况和经营成果

3. 市场规则与企业运营规则

➢ 市场划分与市场准入

➢ 销售会议与订单争取

➢ 厂房购买、出售与租赁

➢ 生产线购买、转产与维修、出售

➢ 产品生产

➤ 原材料采购

➤ 产品研发与 ISO 认证

➤ 融资贷款与贴现

4. 初始状态设定

➤ 体验财务数据与企业业务的直接相关性

➤ 为下一步的企业运营做好准备

5. 企业经营竞争模拟

差异是由决策引起的!

➤ 市场分析

➤ 战略与计划

➤ 订单争取

➤ 经营体验

➤ 财务报告

6. 现场案例解析

用数字说话，用事实说话!

➤ 现场典型案例的深层剖析

➤ 深度反思

➤ 获得管理感悟

方　法

学习提示

两天＝六年！？

用两天的时间获得六年的企业经营体验，很难不被诱惑。

这将是"痛并快乐着"的两天，这将是你付出全部心智而尚不能判定经营成败的两天，这两天值得铭记并将影响你的一生。

为了使课程能够达到预期的效果，这里郑重提示：

1. 知错能进

学习的目的就是为了发现问题，进而努力寻求解决问题的手段。在两天的学习过程中，谁犯的错误越多，谁的收获也就越大，因此不要怕犯错误。

深刻的痛容易被铭记！

2. 亲力亲为

"ERP沙盘模拟"开体验学习之先河，每一个学员，都要担任一定的职能岗位，全程参与企业的经营过程，以获得经营企业的切身体验。

旁观者不受欢迎！

3. 落实于行动

两天的课程带给人的是启迪、是逻辑、是法则，而企业是真实而具体的。只有落实于行动才能检验你学到了什么。

仅有高见是不够的！

项目一
团 队 组 建

实训目标

➢ 认知企业的组织结构
➢ 理解各个角色的岗位职责
➢ 学会进行企业调研
➢ 理解制造企业的运营流程

任务一　组建我们的团队

任务描述

　　任何一个企业都有与企业类型相适配的组织结构。企业组织机构是企业全体职工为实现企业目标，在管理工作中进行分工协作，在职务范围、责任、权利方面形成的结构体系。

　　企业经营管理涉及企业的战略制定与执行、市场营销、采购与生产管理、财务管理等多项内容。在企业中，这些职能是由不同的业务部门履行的，企业经营管理过程也是各部门协同工作，共同努力实现企业目标的过程。

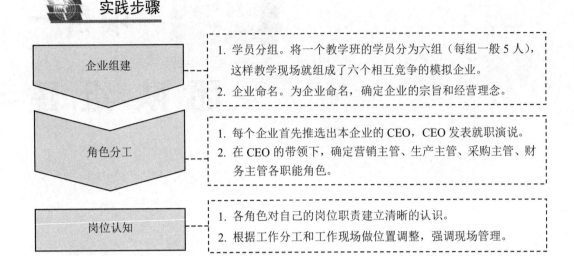

企业组建
1. 学员分组。将一个教学班的学员分为六组（每组一般 5 人），这样教学现场就组成了六个相互竞争的模拟企业。
2. 企业命名。为企业命名，确定企业的宗旨和经营理念。

角色分工
1. 每个企业首先推选出本企业的 CEO，CEO 发表就职演说。
2. 在 CEO 的带领下，确定营销主管、生产主管、采购主管、财务主管各职能角色。

岗位认知
1. 各角色对自己的岗位职责建立清晰的认识。
2. 根据工作分工和工作现场做位置调整，强调现场管理。

要点提示

➤ 如果教学班人数较多，可以将营销职能拆分为市场和销售两个职能，将财务职能拆分为财务和会计（或会计和出纳）两个职能；教学班人数不足 30 人时，可以由一个人兼多个角色。

➤ 在几年的经营过程中，可以进行角色互换，从而体验角色转换后考虑问题的出发点的相应变化，也就是学会换位思考。

知识链接

1. 总经理岗位认知

职位概要： 负责制定和实施公司总体战略与年度经营计划；建立和健全公司的管理体系与组织结构；主持公司的日常经营管理工作，实现公司经营管理目标和发展目标。

在"ERP 沙盘模拟"课程中，企业所有的重要决策均由总经理带领团队成员共同决定，如果大家意见相左，由总经理拍板决定。总经理还要从结构、流程、人员、激励四个方面着手优化管理。

2. 市场主管岗位认知

职位概要： 分析市场环境，把握市场机会，制定公司市场营销战略和实施计划；对企业市场营销计划进行监督和控制；负责企业营销组织建设与激励工作；负责企业竞争对手分析。

作为一个民营企业，笨笨公司最初在本地注册并开始运营，经过几年的经营，在本地市场上已站稳脚跟。在全球市场广泛开放之时，一方面要稳定企业现有市场，另一方面要积极拓展新市场，争取更大的市场空间，以实现销售的稳步增长。

市场主管还担负着监控竞争对手的责任，比如，对手正在开拓哪些市场？未涉足哪些市场？他们在销售上取得了多大的成功？他们拥有哪类生产线？生产能力如何？充分了解市场，明确竞争对手的动向有利于今后的竞争与合作。

在"ERP沙盘模拟"课程中，市场分析的依据是讲师提供的"市场预测"；竞争对手就是课程中划分的其他几个企业组织。

3. 销售主管岗位认知

职位概要： 进行需求分析和销售预测，确定销售部门的目标体系；制订销售计划和销售预算；销售团队的建设与管理；客户管理，确保货款及时回笼；销售业绩分析与评估。

企业的利润是由销售收入带来的，销售实现是企业生存和发展的关键。销售和收款是企业的主要经营业务之一，也是企业联系客户的门户。为此，销售主管应结合市场预测及客户需求制订销售计划，有选择地进行广告投放，取得与企业生产能力相匹配的客户订单，与生产部门做好沟通，保证按时交货给客户，监督货款的回收，进行客户关系管理。

4. 生产主管岗位认知

职位概要： 制定落实生产计划；组织落实质量管理制度，监控质量目标的达成情况；规划、配置和调动生产资源，保证及时交货；优化生产组织过程，推动工艺路线的优化和工艺方法的改进，扩充并改进生产设备，不断降低生产成本；负责公司生产、安全、仓储、保卫及现场管理方面的工作。此外，生产主管还负责制定研究开发计划，组织新产品开发并进行有效的项目管理；持续扩大和改善产品系列，以最低的成本达到或超过客户的要求；主动、积极地研究新的技术实现手段降低产品成本，提高性价比；确保为客户提供及时的技术支持；确保正在生产的产品和新产品的正常生产。

生产主管是企业生产部门的核心人物，对企业的一切生产活动进行管理，并对企业的一切生产活动及产品负最终的责任。生产主管既是计划的制订者和决策者，又是生产过程的监控者，对企业目标的实现负有重大的责任，他的工作是通过计划、组织、指挥和控制等手段实现企业资源的优化配置，以创造最大经济效益。

在"ERP沙盘模拟"课程中，生产主管负责生产运营过程的正常进行，生产设备的维护与设备变更处理、成品库管理、产品研发等工作。

5. 采购主管岗位认知

职位概要： 采购主管负责各种原料的及时采购和安全管理，确保企业生产的正常进行；负责编制并实施采购供应计划，分析各种物资供应渠道及市场供求变化情况，力求从价格上、质量上把好第一关，确保在合适的时间点、采购合适的品种及数量的物资，为企业生产做好后勤保障；进行供应商管理；进行原料库存的数据统计与分析。

采购主管负责制定采购计划、与供应商签订供货合同、监督原料采购过程，并按计划向供应商付款、管理原料库等具体工作。

6. 财务主管岗位认知

职位概要： 财务主管的主要职责是对企业的资金进行预测、筹集、调度与监控。其主要任务是管好现金流，按需求支付各项费用、核算成本，做好财务分析；进行现金预算、采用经济有效的方式筹集资金，将资金成本控制到较低水平，管好、用好资金。

如果说资金是企业的血液，财务部门就是企业的心脏。财务主管要参与企业重大决策方案的讨论，如设备投资、产品研发、ISO 资格认证等。公司进出的任何一笔资金都要经过财务部门。

7. 会计主管岗位认知

职位概要： 会计主管主要负责日常现金收付的记录，定期核查企业的经营状况，核算企业的经营成果，按时报送财务报表；对成本数据进行分类和分析；定期清查现金，盘点存货，确保账实相符。

在"ERP 沙盘模拟"课程中，会计主管主要负责日常现金收支记录，于每年年末编制产品核算统计表、综合费用明细表、利润表和资产负债表。

任务二　笨笨公司调研

📶 任务描述

☎首先我要恭喜你，你已经顺利地通过了笨笨公司招募新任管理层的初选，即将进入复试阶段。复试将采用企业经营模拟竞争的方式进行，用三天的时间模拟企业六年的经营过程，胜出者就是笨笨公司的新领导班子，这是一个年薪百万的工作机会，愿君珍惜，祝君好运！

对于即将走马上任的新任领导班子来说，尽可能了解管理对象——笨笨公司情况，包括股东期望、企业目前的财务状况、市场占有率、产品、生产设施、盈利能力等，对于开展未来管理工作是必须的。企业是复杂的，是立体的，企业调研应该从何入手？调研哪些内容才能透视企业全貌？从不同的访谈内容中又该如何提炼出关键要素？不妨一试。

实践步骤

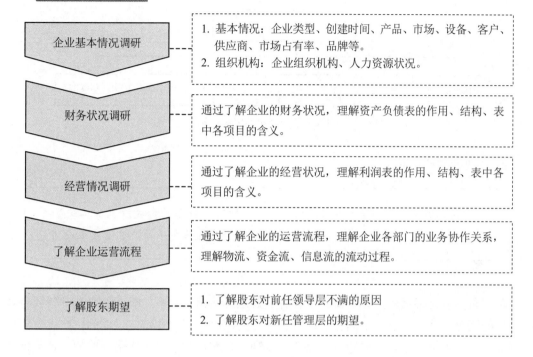

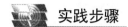 **知识链接**

1. 企业基本情况调研

> 企业是市场经济的微观经济主体，是从事商品生产、流通和服务等活动，为满足社会需要和盈利，进行自主经营、自负盈亏，具有法人资格的经济组织。

笨笨公司是一个典型的离散制造型企业，创建已有三年，长期以来一直专注于某行业 P 系列产品的生产与经营。目前企业拥有自主厂房——大厂房，其中安装了三条手工生产线和一条半自动生产线，运行状态良好。所有生产设备全部生产 P1 产品，几年来一直只在本地市场销售，利润率指标良好，有一定的知名度，客户也很满意。

笨笨公司目前的组织机构如图 1-1 所示。

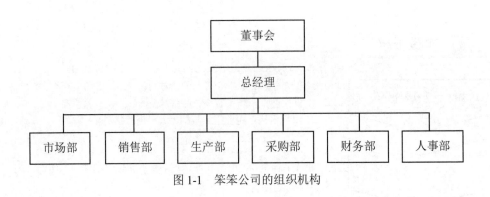

图 1-1 笨笨公司的组织机构

2. 企业的财务状况

> 所谓财务状况，是指企业资产、负债、所有者权益的构成情况及其相互关系。企业的财务状况由企业对外提供的主要财务报告——资产负债表来表述。

资产负债表是根据资产、负债和所有者权益之间的相互关系，即"资产=负债+所有者权益"的恒等关系，按照一定的分类标准和一定的次序，把企业特定日期的资产、负债、所有者权益三项会计要素所属项目予以适当排列，并对日常会计工作中形成的会计数据进行加工、整理后编制而成的，其主要目的是为了反映企业在某一特定日期的财务状况。

资产负债表的右边揭示的是企业的资金来源，主要包括负债和所有者权益两部分。取得企业经营所需资金后，需要用这些资金购买场地、设备等生产设施和原料等生产资料，因此资产负债表左方列示了资产项目，按资产的流动性大小排列。通过资产负债表，可以了解企业所掌握的经济资源及其分布情况；了解企业的资本结构；分析、评价、预测企业的短期偿债能力和长期偿债能力；正确评估企业的经营业绩。

在"ERP 沙盘模拟"课程中，根据课程设计所涉及的业务对资产负债表中的项目进行了适当简化，形成如表 1-1 所示的简易结构。

表 1-1 简易资产负债表

资 产 负 债 表

编报单位：百万元

资产	期末数	负债和所有者权益	期末数
流动资产：		负债：	
库存现金	20	长期负债	40
应收款	15	短期负债	
在制品	8	应付账款	

(续表)

资产	期末数	负债和所有者权益	期末数
成品	6	应交税金	1
原料	3		
流动资产合计	52	负债合计	41
固定资产:		所有者权益:	
土地和建筑	40	股东资本	50
机器与设备	13	利润留存	11
在建工程		年度净利	3
固定资产合计	53	所有者权益合计	64
资产总计	105	负债和所有者权益总计	105

在"ERP沙盘模拟"课程中，我们建立针对笨笨公司的模型企业，用模拟货币作为其价值标记，资产分布情况如图1-2所示。

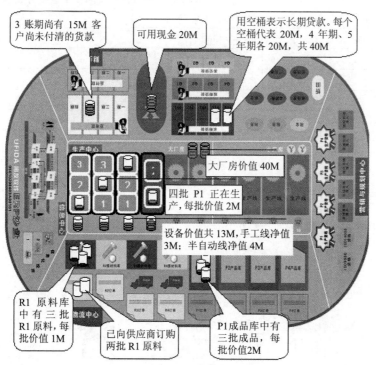

图1-2 初始年企业的资产分布状况

3. 企业的经营成果

企业在一定期间的经营成果表现为企业在该期间所取得的利润，它是企业经济效益的综合体现，由利润表(又称损益表或收益表)来表述。

利润表是用来反映收入与费用相抵后确定的企业经营成果的会计报表。利润表的项目主要分为收入和费用两大类。

在"ERP 沙盘模拟"课程中，根据课程设计中所涉及的业务对利润表中的项目进行了适当的简化，形成如表 1-2 所示的简易结构。

表 1-2　利润表

<table>
<tr><td colspan="3" align="center">利 润 表</td></tr>
<tr><td colspan="3" align="right">编报单位：百万元</td></tr>
<tr><td>项目</td><td>本期数</td><td>对应利润表的项目</td></tr>
<tr><td>销售收入</td><td>35</td><td>主营业务收入</td></tr>
<tr><td>直接成本</td><td>12</td><td>主营业务成本</td></tr>
<tr><td>毛利</td><td>23</td><td>主营业务利润</td></tr>
<tr><td>综合费用</td><td>11</td><td>营业费用、管理费用</td></tr>
<tr><td>折旧前利润</td><td>12</td><td></td></tr>
<tr><td>折旧</td><td>4</td><td>利润表中的管理费用、营业费用及主营业务成本已含折旧，这里折旧单独列示</td></tr>
<tr><td>支付利息前利润</td><td>8</td><td>营业利润</td></tr>
<tr><td>财务收入/支出</td><td>4</td><td>财务费用</td></tr>
<tr><td>其他收入/支出</td><td></td><td>营业外收入/支出</td></tr>
<tr><td>税前利润</td><td>4</td><td>利润总额</td></tr>
<tr><td>所得税</td><td>1</td><td>所得税</td></tr>
<tr><td>净利润</td><td>3</td><td>净利润</td></tr>
</table>

4. 企业运营流程

笨笨公司的运营流程如图 1-3 所示。

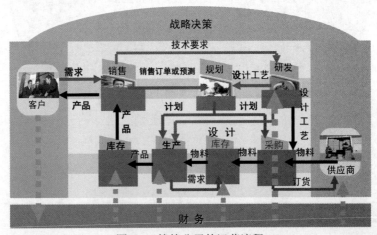

图 1-3　笨笨公司的运营流程

5. 股东期望

从利润表中可以看出，企业上一年盈利 300 万，增长已经放缓。生产设备陈旧；产品、市场单一；企业管理层长期以来墨守成规地经营，导致企业已缺乏必要的活力，目前虽尚未衰败，但也近乎停滞不前。鉴于此，公司董事会及全体股东决定将企业交给一批优秀的新人去发展，他们希望新的管理层能够把握时机，抓住机遇，投资开发新产品，使公司的市场地位得到进一步提升；在全球市场广泛开放之际，积极开发本地市场以外的其他新市场，进一步拓展市场领域；扩大生产规模，采用现代化生产手段，努力提高生产效率，带领企业全面进入快速发展阶段。

任务三 企业战略规划

 任务描述

市场经济条件下，越来越多的企业意识到：企业经营犹如在波涛汹涌的大海中航行，虽有风平浪静，更有惊涛骇浪。我们知道，航船要驶向希冀的彼岸，就离不开罗盘和舵柄。企业要在瞬息万变的环境里生存和发展，就离不开企业战略。

实践步骤

外部环境与内部条件分析	1. 宏观环境分析。 2. 行业及竞争环境分析。 3. 内部条件分析。
确定战略目标	战略目标要体现时间限制、可计量，具有总领性和现实可行性，要回答：企业在一个较长的时间里要完成什么？
确定经营方向	经营方向为企业活动确定边界。指明企业目前可以提供的产品与服务领域以及未来一定时期内决定进入或退出的业务领域。
确定经营策略	经营策略规定了企业如何利用自身资源开展业务以实现战略目标，包括市场营销策略、财务管理策略、研究与开发策略等。
战略实施步骤与控制	实施步骤规定了战略目标分几个阶段及每个阶段的阶段目标。根据环境变化及阶段实施评估进行战略调整。

知识链接

1. 什么是企业战略

在资源一定的条件下,企业必须选择做什么和不做什么,因此目标一定要明确。企业战略是企业根据其外部环境及企业内部资源和能力状况,为谋求长期生存和稳定发展,为不断地获得新的竞争优势,对企业发展目标、达成目标的途径和手段的总体谋划。

所谓战略,就是在企业的各项运作活动之间建立一种配称。

2. 企业战略的内容

一个完整的企业战略应该包括以下几个内容。

(1) 外部环境与内部条件分析

企业要实现其作为资源转换体的职能,就需要达到外部环境和内部条件的动态平衡。要了解外部环境中哪些会为企业带来机遇,哪些会对企业形成威胁。进而了解企业内部资源条件是否充足、资源配置是否合理,只有全面把握企业的优势和劣势,才能使战略不脱离实际。

SWOT 分析(Strengths、Weaknesses、Opportunities 和 Threats)是制订企业战略时可以参照的一种方法。采用这种决策方法的根本目的是把自己公司和竞争对手公司的优势、劣势、机会和挑战进行比较,然后决定某项新业务或新投资是否可行。做 SWOT 分析有利于自己的公司在做新业务前充分发挥自己的长处而避免自己的短处,以趋利避害,化劣势为优势,化挑战为机遇,即所谓的"知己知彼,百战不殆",从而降低公司的经营和投资风险。SWOT 分析表如表 1-3 所示。

表 1-3 SWOT 分析表

企业内部优势与劣势 / 企业外部机会与威胁	内部优势(S)	内部劣势(W)
外部机会(O)	SO 成长型战略 依靠内部优势,利用外部机会	WO 扭转型战略 利用外部机会,克服内部劣势
外部威胁(T)	ST 多经营战略 利用内部优势,回避外部威胁	WT 防御型战略 减少内部劣势,回避外部威胁

(2) 战略目标

战略目标就是要回答:企业在一个较长的时间里要完成什么?这个目标要体现时间限制,可计量,具有总领性和现实可行性。

企业战略目标的内容可以包括盈利能力,生产效率,市场竞争地位,产品结构,财务状况,企业的技术水平,企业的建设与发展,社会责任等。

(3) 经营方向

经营方向指明了企业现在可以提供的产品与服务领域以及在未来一定时期内决定进

入或退出、决定支持或限制的某些业务领域。它为企业活动确定了界限。

(4) 经营策略

经营策略规定了企业如何利用其自身资源开展业务活动以求实现战略目标。它应具体地规定企业管理阶层的工作程序和决策规则，研究和规划企业的经营重点，部署资源，明确企业的主要职能领域，如营销、生产、R&D、人力资源、财务等各方面的工作方针及相互关系的协调方法。

(5) 实施步骤

实施步骤规定了一个战略目标需要分为几个阶段及每个阶段所要达到的阶段目标。由于战略目标是一个立足于长远发展的目标，因此不可能一蹴而就，客观上需要循序渐进，同时在战略方案的长期实施过程中，外部环境与内部资源条件不可能一成不变。分阶段实施战略目标，可以帮助企业有机会对其行为效果做出回顾和评价，以期对战略方案做出适当的调整，从而更有效、更现实地追求战略目标。

3. 选择战略

在"ERP沙盘模拟"课程中，企业管理层通过网络、经济周刊等渠道获得一定时期有关产品、价格、市场发展情况的市场预测资料，结合企业现有资源情况，进行战略选择。在此举几个例子。

(1) 我们想成为什么样的公司？例如规模如何(大公司或小公司)？生产产品如何(多品种、少品种)？市场开拓如何(许多市场，少量市场)？努力成为市场领导者还是市场追随者？为什么？

(2) 我们倾向于何种产品？何种市场？企业竞争的前提是资源有限，在很多情况下，放弃比不计代价地掠取更明智，因此需要管理者做出决定：有限的资源是投放于重点市场、重点产品呢？还是全面铺开？

(3) 我们计划怎样拓展生产设施？有四种生产设施可供企业选择，每种生产设施的购置价格、生产能力、灵活性等属性各不相同。企业目前生产设施陈旧落后，若想提高生产能力，必须考虑更新设备。图1-4对四种可选设备进行了比较分析。

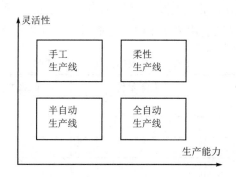

图1-4　四种可选生产设备比较

(4) 企业计划采用怎样的融资策略？资金是企业运营的基础。企业的融资方式是多种多样的：发行股票、发行债券、银行借款、应收账款贴现等。每种融资方式的特点及适用性都有所不同，企业在制订战略时应结合企业的发展规划，做好融资规划，以保证企业的正常运营，并控制资金成本。

4. 战略调整

企业战略不是一成不变的，而是根据企业内外部环境的变化和竞争对手的发展情况不断动态调整的。每一年经营下来，都要检验企业战略的实战性，并且根据以后年度的市场趋势预测，结合公司自身优势和劣势，调整既定战略。

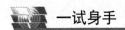 一试身手

1. 测测你的业务敏感度

有关企业上一年的几个关键指标你还记得吗？填写在图 1-5 中。

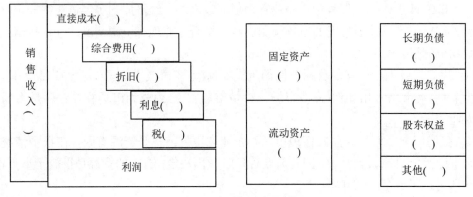

图 1-5　记录企业的关键数据

2. 我爱我的团队

也许你们来自一个集体，也许你们来自四面八方，聚在一起就是有缘，未来的两天，你们将是同一战壕的战友，试着用表 1-4 记住你们每个人在模拟企业中的角色及联系方式。

表 1-4　记录模拟团队的分工情况

模拟角色	姓名	工作单位	联系方式	个人爱好
总经理				
市场主管				
销售主管				
生产主管				
采购主管				
财务主管				
会计主管				

3. 记录你们的战略

成功的企业一定有着明确的战略，它是指引企业前进的罗盘，是企业行进的方向标，从你们所记录的战略上可以看出你们是否对战略有足够的认识，是否理解战略的涵义。

（1）你们想成为什么样的公司？

（2）你们倾向于何种产品？何种市场？

	本地	区域	国内	亚洲	国际
P1	我们的位置				
P2					
P3					
P4					

（3）你们计划怎样拓展生产设施？

（4）你们计划采用怎样的融资策略？

4. 解释图 1-3 中物流、资金流、信息流的流动过程

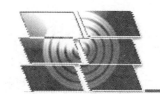

项目二
领会规则

 实训目标

➢ 了解规则的含义

➢ 理解规则的重要性

➢ 领会开展岗位工作要遵守的规则

➢ 学会在规则允许的范围内制定策略，开展工作

 任务描述

企业是社会经济的基本单位，企业的发展要受自身条件和外部环境的制约。企业的生存与企业间的竞争不仅要遵守国家的各项法规及行政管理规定，还要遵守行业内的各种约定。在开始企业模拟竞争之前，管理层必须了解并熟悉这些规则，这样才能做到合法经营，才能在竞争中求生存、求发展。

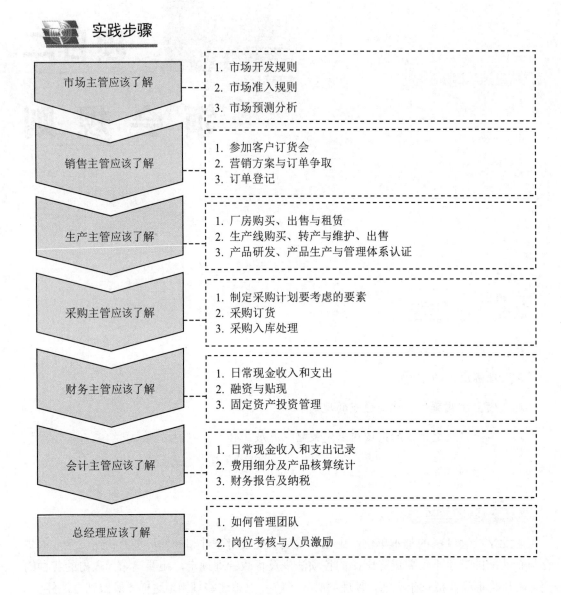

实践步骤

市场主管应该了解	1. 市场开发规则 2. 市场准入规则 3. 市场预测分析
销售主管应该了解	1. 参加客户订货会 2. 营销方案与订单争取 3. 订单登记
生产主管应该了解	1. 厂房购买、出售与租赁 2. 生产线购买、转产与维护、出售 3. 产品研发、产品生产与管理体系认证
采购主管应该了解	1. 制定采购计划要考虑的要素 2. 采购订货 3. 采购入库处理
财务主管应该了解	1. 日常现金收入和支出 2. 融资与贴现 3. 固定资产投资管理
会计主管应该了解	1. 日常现金收入和支出记录 2. 费用细分及产品核算统计 3. 财务报告及纳税
总经理应该了解	1. 如何管理团队 2. 岗位考核与人员激励

任务一　市场主管需要领会的规则

市场是企业进行产品营销的场所，标志着企业的销售潜力。企业的生存和发展离不开市场这个大环境。谁赢得市场，谁就赢得了竞争。市场是瞬息万变的，变化增加了竞争的对抗性和复杂性。目前企业仅拥有本地市场，除本地市场之外，还有区域市场、国内市场、亚洲市场、国际市场有待开发。

1. 市场开发

在进入某个市场之前，企业一般需要进行市场调研、选址办公、招聘人员、做好公共关系、策划市场活动等一系列工作。而这些工作均需要消耗资源——资金及时间。由于各个市场地理位置及地理区划不同，开发不同市场所需的时间和资金投入也不同，在市场开发完成之前，企业没有进入该市场销售的权利。

开发不同市场所需的时间和资金投入如表 2-1 所示。

表 2-1　开发不同市场所需的时间和资金投入

市　　场	开发费用／M	开发时间／年	说　　明
区域	1	1	• 各市场开发可同时进行
国内	2	2	• 资金短缺时可随时中断或终止投入
亚洲	3	3	• 开发费用按开发时间平均支付，不允许加速投资
国际	4	4	• 市场开拓完成后，领取相应的市场准入证

2. 市场准入

当某个市场开发完成后，该企业就取得了在该市场上经营的资格(取得相应的市场准入证)，此后就可以在该市场上进行广告宣传，争取客户订单了。

3. 市场预测

在"ERP沙盘模拟"课程中，市场预测是各企业能够得到的关于产品市场需求预测的唯一可以参考的有价值的信息，对市场预测的分析与企业的营销方案策划息息相关。在市场预测中要包括近几年关于行业产品市场的预测资料，包括各市场、各产品的总需求量、价格情况、客户关于技术及产品的质量要求等，如图 2-1 所示。市场预测对所有企业而言是公开透明的。

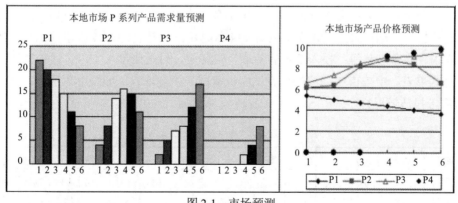

图 2-1　市场预测

图 2-1 是第 1～6 年本地市场 P 系列产品预测资料，由左边的柱形图和右边的折线图构成。柱形图中的横坐标代表年，纵坐标上标注的数字代表产品数量，各产品下方柱形的高度代表该产品某年的市场预测需求总量。折线图标识了第 1～6 年 P 系列产品的价格趋向，

横坐标表示年,纵坐标表示价格。

在市场预测中,除了直观的图形描述外,还可用文字形式加以说明,其中尤其需要注意客户关于技术及产品的质量要求等细节。

市场主管也会通过实地调查或其他途径了解同行业竞争对手的情况。竞争对手分析有利于企业合理利用资源,开展竞争与合作。

任务二　销售主管需要领会的规则

市场预测和客户订单是企业制订生产计划的依据。从笨笨公司的运营流程可以看出,它是以销定产、以产定购的生产类型。客户订单的获得对企业的影响是至关重要的,那么如何才能拿到订单呢?

1. 客户订货会

每年年初举办客户订货会,各企业派销售主管参加。订货会分市场召开,依次为本地市场、区域市场、国内市场、亚洲市场和国际市场。每个市场又是按照 P1、P2、P3、P4 的顺序逐一进行。

2. 营销方案与订单争取

为了让客户了解企业,了解企业的产品和服务,企业会投入大量的资金和人力用于品牌和产品宣传,以争取到尽可能多的客户订货。为此,要策划营销方式、广告展览、公共关系、客户访问等一系列活动。在"ERP 沙盘模拟"课程中,企业在营销环节所做的种种努力体现在"广告费"项目上,并以价值为具体表现载体。

广告是分市场、分产品投放的,投入 1M 有一次选取订单的机会,以后每多投 2M 增加一次选单机会。如:投入 7M 表示准备拿 4 张订单,但是否能有 4 次拿单的机会则取决于市场需求、竞争态势等;投入 2M 准备拿一张订单,只是比投入 1M 的优先拿到订单。

在"竞单表"中按市场、按产品登记广告费用。"竞单表"如表 2-2 所示,这是第三年 A 组广告投放情况。

表 2-2　竞　单　表

第三年　A组(本地)						第三年　A组(区域)						第三年　A组(国内)					
产品	广告	单额	数量	9K	14K	产品	广告	单额	数量	9K	14K	产品	广告	单额	数量	9K	14K
P1	1					P1						P1					
P2						P2	2					P2	3				
P3						P3						P3					
P4						P4						P4					

➢ 竞单表中设有 9K(代表 "ISO9000"，下同)和 14K(代表 "ISO14000"，下同)两栏。这两栏中的投入不是认证费用，而是取得认证之后的宣传费用，该投入对整个市场所有产品有效。

➢ 如果希望获得标有 "ISO9000" 或 "ISO14000" 的订单，必须在相应的栏目中投入 1M 广告费。

在每年一度的销售会议上，将综合企业的市场地位、广告投入、市场需求及企业间的竞争态势等因素，按规定程序领取订单。客户订单是按照市场划分的，选单次序如下。

首先，由上一年该市场的市场领导者即市场老大最先选择订单。

其次，按每个市场单一产品广告投入量，由其他企业依次选择订单；如果单一产品广告投放相同，则比较该市场两者的广告总投入；如果该市场两者的广告总投入也相同，则根据上一年市场地位决定选单次序；若上一年两者的市场地位相同，则采用非公开招标方式，由双方提出具有竞争力的竞单条件，由客户选择。

要点提示

➢ 市场地位是针对每个市场而言的。企业的市场地位根据上一年度各企业的销售额排列，销售额最高的企业称为该市场的"市场领导者"，俗称"市场老大"。

➢ 无论投入多少广告费，每次只能选择一张订单，然后等待下一次的选单机会。

➢ 每年只有年初一次客户订货会，也就是每年只有一次拿订单的机会。

3. 客户订单

市场需求用客户订单卡片的形式表示，如图 2-2 所示。卡片上标注了市场、产品、产品数量、单价、订单价值总额、账期、特殊要求等要素。

如果没有特别说明，普通订单可以在当年内任一季度交货。如果由于产能不够或其他原因，导致本年不能交货，企业为此应受到以下处罚：

➢ 因不守信用市场地位下降一级；

➢ 下一年该订单必须最先交货；

➢ 交货时扣除该张订单总额的 25%(取整)作为违约金。

卡片上标注有"加急！！！"字样的订单，必须在第一季度交货，延期罚款处置同上所述。因此，营销总监接单时要考虑企业的产能。当然，如果其他企业乐于合作，不排除委外加工的可能性。

第 6 年	亚洲市场
IP4-3/3	
产品数量：	3 P4
产品单价：	12 M/个
总 金 额：	36 M
应收账期：	4 Q
ISO 9000	加急！！！

图 2-2 客户订单

➢ 如果上年市场老大没有按期交货，市场地位下降，则本年该市场没有老大。

➢ 订单上的账期代表客户收货时货款的交付方式。若为 0 账期，则现金付款；若为 3 账期，代表客户付给企业的是 3 个季度到期的应收账款。

➢ 如果订单上标注了"ISO9000"或"ISO14000"，那么要求生产单位必须取得了相应认证并投放了认证的广告费，两个条件均具备，才能得到这张订单。

客户订货会结束后，销售主管需要将客户订单登记在订单登记表中。以备按订单记录市场、产品、数量、收入、成本、毛利等基本信息，为今后的销售分析提供基础数据。

任务三 生产主管需要领会的规则

1. 厂房购买、出售与租赁

企业目前拥有自主厂房——大厂房，价值 40M，另有小厂房可供选择使用。有关各厂房购买、租赁、出售的相关信息如表 2-3 所示。

表 2-3 厂房购买、出售与租赁

厂　房	买　价	租　金	售　价	容　量
大厂房	40M	5M/年	40M	6 条生产线
小厂房	30M	3M/年	30M	4 条生产线

➢ 厂房可随时按购买价值出售，得到的是 4 个账期的应收账款。

➢ 厂房不提折旧。

2. 生产线购买、转产与维修、出售

企业目前有三条手工生产线和一条半自动生产线，另外可供选择的生产线还有全自动生产线和柔性生产线。不同类型生产线的主要区别在于生产效率和灵活性不同。生产效率是指单位时间生产产品的数量；灵活性是指转产生产新产品时设备调整的难易性。有关生产线购买、转产与维修、出售的相关信息如表 2-4 所示。

表 2-4 生产线购买、转产与维修、出售

生产线类型	购买价格	安装周期	生产周期	转产周期	转产费用	维修费	残值	可使用年限
手工生产线	5M	无	3Q	无	无	1M/年	1M	4
半自动生产线	8M	2Q	2Q	1Q	1M	1M/年	2M	4
全自动生产线	16M	4Q	1Q	2Q	4M	1M/年	4M	4
柔性生产线	24M	4Q	1Q	无	无	1M/年	6M	4

要点提示

➤ 所有生产线可以生产所有产品。

(1) 投资新生产线

投资新生产线时按照安装周期平均支付投资，全部投资到位后的下一周期可以领取产品标识，开始生产。资金短缺时，任何时候都可以中断投资。

(2) 生产线转产

生产线转产是指生产线转而生产其他产品，如半自动生产线原来生产 P1 产品，如果转产 P2 产品，需要改装生产线，因此需要停工一个周期，并支付 1M 改装费用。

(3) 生产线维修

当年在建(未生产)的设备不用支付维护费，如果设备已建成并已投入使用则需要交纳维护费；当年已售出的生产线不用支付维修费。

要点提示

➤ 已建成但当年未投入生产的设备也需要交纳维护费。

(4) 计提折旧

固定资产在长期使用过程中，实物形态保持不变，但因使用、磨损及陈旧等原因会发生各种有形和无形的损耗；固定资产的服务能力随着时间的推移逐步消逝，其价值也随之发生损耗。企业应采取合理的方法，将其损耗分摊到各经营期，记作每期的费用，并与当期营业收入相配比。

固定资产的成本随着逐期分摊，转移到它所生产的产品中去，这个过程称为计提折旧。

生产线从建成的当年起开始计提折旧，折旧方法采用平均年限法。计算公式为：

$$每年折旧额=(原值-残值)/使用年限$$

因为折旧额的计算结果可能出现小数，本着平均年限法的精髓——均衡计提折旧的原则，将四种类型生产线在可使用年限内每年应计提的折旧列示于表 2-5 中。

表 2-5 折 旧 表

生 产 线	原 值	残 值	可使用年限	1	2	3	4
手工生产线	5	1	4	1	1	1	1
半自动生产线	8	2	4	2	2	1	1
全自动生产线	16	4	4	3	3	3	3
柔性生产线	24	6	4	5	5	4	4

要点提示

➤ 所有设备的可使用年限均为 4 年。
➤ 4 年折旧计提完成后，若继续使用，不再计提折旧，待设备出售时按残值出售。
➤ 当年建成的生产线不计提折旧。
➤ 当年未使用、不需要的固定资产，照样计提折旧。

(5) 生产线出售

出售生产线时，如果生产线净值<残值，将生产线净值直接转到现金库中；如果生产线净值>残值，从生产线净值中取出等同于残值的部分置于现金库，将差额部分计入综合费用的其他项。

3. 产品研发

企业目前可以生产并销售 P1 产品。根据预测，另有技术含量依次递增的 P2、P3、P4 的三种产品有待开发。

不同技术含量的产品，需要投入的研发时间和研发费用是有区别的，如表 2-6 所示。

表 2-6 产品研发需要投入的时间及研发费用

产 品	P2	P3	P4	备 注 说 明
研发时间	5Q	5Q	5Q	• 各产品可同步研发；按研发周期平均支付研发投资；资金不足时可随时中断或终止；全部投资完成的下一周期方可开始生产
研发投资	5M	10M	15M	• 某产品研发投入完成后，可领取产品生产资格证

4. 产品生产

产品研发完成后，可以接单生产。生产不同的产品需要用到的原料不同，各种产品所用到的原料及数量如图 2-3 所示。

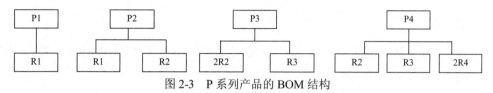

图 2-3　P 系列产品的 BOM 结构

> BOM（Bill of Material）即物料清单。它是产品结构文件，它不仅罗列出某一产品的所有构成项目，同时也要指出这些项目之间的结构关系，即从原材料到零件、组件，直到最终产品的层次隶属关系。每个制造企业都有物料清单。在化工、制药和食品行业可能称为配方、公式或包装说明，但说的都是同样的事情，即如何利用各种物料来生产产品。

每条生产线同时只能有一个产品在线。产品上线时需要支付加工费，不同生产线的技术装备水平不同，需要支付的加工费也是不同的。不同生产线加工不同产品需要支付的加工费如表 2-7 所示。

表 2-7　不同生产线加工不同产品需要支付的加工费

产　　品	手工生产线	半自动生产线	全自动生产线	柔性生产线
P1	1	1	1	1
P2	2	1	1	1
P3	3	2	1	1
P4	3	2	1	1

任务四　采购主管需要领会的规则

采购的任务是适时、适量、适价地采购到生产所需的原料。适时与生产计划和采购提前期相关；适量与生产计划和产品结构相关；适价是要注意控制采购成本。

原料采购涉及两个环节，签订采购合同和按合同收料。签订采购合同时要注意采购提前期。R1、R2 原料需要一个季度的采购提前期；R3、R4 原料需要两个季度的采购提前期。货物到达企业时，必须照单全收，并按规定支付原料费或计入应付账款。

任务五　财务主管需要领会的规则

1. 现金收入和支出

企业各项业务活动涉及现金收支的，要由业务部门按程序办理申请手续，符合规范的收入和支出由财务主管进行现金实际交割处理。

2. 融资贷款与贴现

资金是企业的血液，是企业所有活动的支撑。在"ERP 沙盘模拟"课程中，企业尚未上市，因此其融资渠道只能是银行借款、高利贷和应收账款贴现。下面将几种融资方式的对比情况列于表 2-8 中。

表 2-8　企业可能的各项融资手段及财务费用

融资方式	规定贷款时间	最高限额	财务费用	还款约定
长期贷款	每年年末	上年所有者权益×2 - 已贷长期贷款	10%	年底付息，到期还本
短期贷款	每季度初	上年所有者权益×2 - 已贷短期贷款	5%	到期一次还本付息
高利贷	任何时间	与银行协商	20%	到期一次还本付息
应收贴现	任何时间	根据应收账款额度按 1:6 比例	1/7	贴现时付息

> **要点提示**

> ➤ 无论长期贷款、短期贷款还是高利贷均以 20M 为基本贷款单位。长期贷款最长期限为 5 年，短期借款及高利贷期限为一年，不足一年的按一年计息，贷款到期后返还。

> ➤ 应收账款贴现随时可以进行，金额必须是 7 的倍数，不考虑应收账款的账期，每 7M 的应收款交纳 1M 的贴现费用，其余 6M 作为现金放入现金库。

3. 固定资产投资管理

企业的固定资产主要包括厂房和设备。关于厂房购买、出售与租赁及生产线购买、转产、维修与出售的相关规定参见表 2-4。

任务六　会计主管需要领会的规则

企业各项经营活动最终都会反映在财务数字上，会计不仅要提供对外财务报告，更重要的是细化核算，为企业决策提供更为详细的管理信息。

1. 现金收支登记

企业每一项经营活动涉及现金收支的要在企业经营记录表中做好记录。现金收入记“＋”号，也可省略“＋”号；现金支出记“－”。

2. 费用明细

利润表上只反映“综合费用”一个项目，实际上综合费用由多项细化的费用构成，包括广告费、管理费、维修费、转产费、租金、市场开拓费、ISO 资格认证费、产品研发费、其他费用共十项，对费用的细分有助于了解企业的成本构成，为寻求降低成本的空间提供依据。

3. 产品核算统计

根据订单登记表和组间交易明细表进行产品核算统计，提供分产品销售数据。

4. 报表及纳税

每年年末，应对企业本年的财务状况及经营成果进行核算统计，按时上报“资产负债表”和“利润表”。

如果企业经营盈利，需要按国家规定上缴税金。每年所得税计入应付税金，在下一年初交纳。所得税按照弥补以前年度亏损后的余额为基数计算。

当上年权益≤66 时，税金=(上年权益＋本年税前利润－66)×25％(取整)

当上年权益＞66 时，税金=本年税前利润×25%(取整)

要点提示

➢ 66 为教学年末的所有者权益。

任务七 总经理需要领会的规则

一个管理团队内部如果意见相左，观点对立，必然导致企业效率低下，互相推诿。总经理要领导其管理团队，树立共同的愿景和目标，做出所有企业级的重要决策。

1. 目标制定与达成

总经理要负责带领团队成员确定经营目标，并努力达成。

2. 企业各职能岗位考核标准

为了奖优罚劣，必须明确每个岗位的考核要求，最好细化和量化。表 2-9 是可参考的各职能岗位考核标准。

表 2-9 企业各职能岗位考核标准

岗 位	考 评 项 目	考 评 标 准
营销主管	运行记录	台账正确、及时、完整
	市场分析与销售预测	分析报告、销售计划与执行
	广告投放	广告投放合理
	按时交货给客户	按时交货
	应收款管理	及时催收应收款
生产主管	运行记录	台账正确、及时、完整
	生产计划制定与执行	开工计划及执行，保证供货
	产能计算	及时提供正确的产能数据
	产品研发与设备投资	投资时机把握，投资过程管理
	生产成本控制	正确核算生产成本
采购主管	运行记录	台账正确、及时、完整
	采购计划制定	制定与生产计划适配的采购计划
	采购计划执行管理	及时下订单、收料付款
	保证物料供应	保证生产所需物料供应
	原料库存管理	每季度零库存
财务主管	运行记录	台账正确、及时、完整
	现金预算与计划执行	制定与业务匹配的资金计划，不出现资金缺口
	财务报告	及时、正确
	融资管理	融资方式合理、低成本
	费用/折旧管理	正确计算并支付各项费用
总经理	运行记录	台账正确、及时、完整
	目标制定与达成	经营目标制定及业绩达成相一致
	流程控制	保证企业经营流程顺畅
	管理授权与考评	授权合理，分配合理
	能力建设与团队管理	注重人员能力提升，团队协作高效

建议考核依据	第1年	第2年	第3年	第4年	第5年	第6年
台账记录						
销售计划与执行的吻合度						
广告投入产出比						
订单是否违约						
应收款回收及时						
台账记录						
开工计划表						
因产能计算造成违约订单						
与产品研发适配，建设延期						
成本计算正确						
台账记录						
采购计划						
采购运行记录						
由于计划失误的紧急采购						
原料是否有库存						
台账记录						
现金预算表						
报表超时、错误						
是否以最低成本获得可用资金						
正确支付各项费用						
台账记录						
年终业绩与经营目标偏差率						
流程混乱，在规定时间内是否完成企业运营						
各司其职，员工满意度						
各岗位到岗率、企业文化						

3. ISO 认证

随着中国加入 WTO，客户的质量意识及环境意识越来越强。经过一定时间的市场孕育，最终会反映在客户订单中。企业要进行 ISO 认证一般是由企业管理部牵头组织，各部门积极配合。ISO 认证过程需要经过一段时间并花费一定费用，如表 2-10 所示。

表 2-10　国际认证需要投入的时间及认证费用

ISO 认证体系	ISO9000 质量认证	ISO14000 环境认证	备 注 说 明
持续时间	2 年	3 年	• 两项认证可以同时进行 • 资金短缺的情况下，可以随时中断投资
认证费用	2M	3M	• 认证完成后可以领取相应 ISO 资格证

 知识链接

1. 什么是 ISO9000

ISO9000 族标准是国际标准化组织(ISO)颁布的在全世界范围内通用的关于质量管理和质量保证方面的标准，它不是指一个标准，而是一族标准的统称。该标准使质量管理的方法实现了程序化、标准化和科学化。实施 ISO9000 质量管理体系标准意义如下。

➢ 提高企业管理水平，提高工作效率、降低质量成本。
➢ 提高企业的综合形象及产品的可信度，以此争市场、保市场、争名牌。
➢ 消除对外合作中的非关税壁垒，使企业顺利进入国际市场。

2. 什么是 ISO14000

ISO14000 环境管理系列标准是国际标准化组织(ISO)组织编制的环境管理体系标准，其标准号从 14001~14100，共 100 个，这些标准号统称为 ISO14000 系列标准。ISO14000 环境管理系列标准顺应国际环境保护的发展，融合了世界上许多发达国家在环境管理方面的经验，依据国际经济与贸易发展的需要而制定，是一套完整的、操作性很强的体系标准。它的基本思想是预防和减少环境影响，持续改进环境管理工作，消除国际贸易中的技术壁垒。对于企业而言其作用体现在以下几方面。

➢ 企业实施 ISO14000 标准是占领国内外市场的需要。
➢ 是节约能源，降低消耗，减少环保支出，降低成本的需要。
➢ 政府的环境政策给企业带来压力。
➢ 是企业走向良性和长期发展的需要。
➢ 是企业履行社会责任的需要。

一试身手

想知道自己是否掌握了应知应会的规则吗？做好准备，智勇闯关吧。

1. 市场主管

(1) 从图 2-1 中您获取了哪些信息？

(2) 作为市场主管，您准备如何进行竞争对手分析？

2. 销售主管

(1) 参加订货会时，选单次序是如何规定的？

(2) 模拟竞单

假定有这样一张客户订单，如图 2-4 所示，而你和另外一个选单者地位相同，在规则允许的范围内，你准备如何修改订单条件以便更具有竞争力？

第 4 年	亚洲市场	IP2-2/3
产品数量：	3 P2	
产品单价：	6.7M/个	
总 金 额：	20 M	
应收账期：	2 Q	

图 2-4　模拟竞单订单

条件一：_____

条件二：_____

条件三：_____

3. 生产主管

(1) 计算

如果采用平均年限法计提折旧，四种生产设备在可使用期间内折旧如表 2-8 所示，试计算四种生产线在不同年限出售时的设备价值，并填写在表 2-11 中。

表 2-11　折旧计算表

可使用年限	手工生产线	半自动生产线	全自动生产线	柔性生产线
1				
2				
3				
4				
5				

(2) 按各种生产线的特点在图 2-5 中标注四种设备。

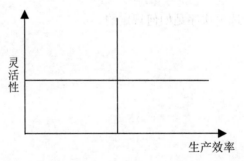

图 2-5　标注四种设备

(3) 在什么情况下本年不用交纳设备维修费？

4. 采购主管

(1) 请在图 2-6 中准确标注 P1、P2、P3、P4 四种产品的产品结构。

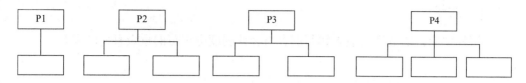

图 2-6 标注 P 系列产品的产品结构

(2) 如果本年第 2 季度需要上线 2 个 P3，1 个 P4；第 3 季度需要上线 1 个 P2，1 个 P4；在不考虑库存的情况下，制订出您的采购计划并填写在表 2-12 中。

表 2-12 模拟采购计划

时 间	上年第 3 季度	上年第 4 季度	本年第 1 季度	本年第 2 季度	本年第 3 季度
R1					
R2					
R3					
R4					

5. 财务主管

(1) 假设目前资金缺口 10M，目前企业有 2 账期应收账款 15M；3 账期应收账款 11M；如果只考虑用应收账款贴现方式弥补资金缺口，你准备如何贴现？

(2) 对设备进行投资时需要考虑的主要因素有哪些？

6. 会计主管

(1) 课程中简化的资产负债表和利润表与会计制度中规范的报表有何区别？

(2) 已知教学年末所有者权益为 66，计算以下情况下企业需缴纳的税款。

假定：

企业第一年税前利润 - 8M，那么第一年需纳税 _____ M。

企业第二年税前利润 3M，那么第二年需纳税 _____ M。

企业第三年税前利润 10M，那么第三年需纳税 _____ M。

项目三
学 习 经 营

实训目标

➤ 熟悉企业经营的活动构成

➤ 理解本岗需要完成的工作任务

➤ 掌握在规则限定下如何完成本岗工作

➤ 学习与他人协同工作

➤ 学会用科学的方法记录各项活动的发生

任务描述

新管理层接手企业,需要有一个适应阶段,在这个阶段,需要与原有管理层交接工作,熟悉企业的内部运营流程。因此,在"ERP 沙盘模拟"课程中,设计了起始年。

企业选定接班人之后,原有管理层总要"扶上马,送一程"。因此在起始年里,新任管理层仍受制于原有管理层,企业的决策由原有管理层定夺,新管理层只能执行。主要目的是促进新管理层与团队磨合,进一步熟悉规则,明晰企业的运营过程。

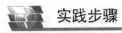 **实践步骤**

企业经营记录表(1)

企业运营流程 请按顺序执行下列各项操作		每执行完一项工作,总经理在相应的方格内画勾 会计主管在方格中填写现金收支具体金额数字。			
年 初	新年度规划会议		//////	//////	//////
	参加订货会/支付广告费/登记销售订单		//////	//////	//////
	制订新年度计划		//////	//////	//////
	支付应付税		//////	//////	//////
1	季初现金盘点(请填余额)				
2	更新短期贷款/还本付息/申请短期贷款(高利贷)				
3	更新应付款/归还应付款				
4	原材料入库/更新原料订单				
5	下原料订单				
6	更新生产/完工入库				
7	投资新生产线/变卖生产线/生产线转产				
8	向其他企业购买原材料/出售原材料				
9	开始下一批生产				
10	更新应收款/应收款收现				
11	出售厂房				
12	向其他企业购买成品/出售成品				
13	按订单交货				
14	产品研发投资				
15	支付行政管理费				
16	其他现金收支情况登记				
17	现金收入合计				
18	现金支出合计				
19	期末现金对账(请填余额)				
年 末	支付利息/更新长期贷款/申请长期贷款	//////	//////	//////	
	支付设备维护费	//////	//////	//////	
	支付租金/购买厂房	//////	//////	//////	
	计提折旧	//////	//////	//////	( )
	新市场开拓/ISO 资格认证投资	//////	//////	//////	
	结账	//////	//////	//////	

企业经营记录表(2)

操作顺序	生产主管、采购主管、销售主管使用本表记录所管理的对象的变化情况，如采购主管管理原材料库存，可在任务清单中的括号内填入"原材料"字样，在管理对象中填入 R1、R2、R3、R4。原料出库时，在相应的单元格内，填入出库的数量(通常加"−"表示)；入库时，填入入库的数量(通常加"+"表示)。 注：执行步骤按照任务清单的顺序号进行。												
	管理对象 (P / R) 任务清单	一季度			二季度			三季度			四季度		
1	季初( )盘点数量												
2	更新短期贷款/还本付息/申请短期贷款												
3	更新应付款/归还应付款												
4	原材料入库/更新原料订单												
5	下原料订单												
6	更新生产/完工入库												
7	新生产线投资/变卖/转产												
8	向其他企业购买/出售原材料												
9	开始下一批生产												
10	更新应收款/应收款收现												
11	出售厂房												
12	向其他企业购买/出售成品												
13	按订单交货												
14	产品研发投资												
15	支付行政管理费												
16	其他现金收支情况登记												
17	本季( )入库合计												
18	本季( )出库合计												
19	季末( )库存数量												

企业的实际运营过程是相当复杂的，在"ERP沙盘模拟"课程中，我们用"企业运营流程"简化了企业的实际运营过程。企业运营流程中反映了两个内容：一是企业经营过程中必须做的各项工作；二是开展各项工作时需要遵循的先后顺序。可以说，企业运营流程

是我们进行企业经营活动的指南。

企业运营流程中，按照时间顺序分为年初 4 项工作、按季度执行的 19 项工作和年末需要做的 6 项工作。执行企业运营流程时由总经理主持，团队成员各司其职，有条不紊，每执行完一项任务，总经理在方格中打勾作为完成标志。

"现金"是企业的血液。伴随着企业各项活动的进行，会发生现金的流动。为了清晰记录现金的流入和流出，我们在企业运营流程中设置了现金收支明细登记。当总经理带领大家执行一项任务时，如果涉及到现金收付，财务主管负责现金收付，会计主管要相应地在方格内登记现金收支情况。

> **要点提示**

> ➤ 执行企业运营流程时，必须按照自上而下、自左至右的顺序严格执行。
> ➤ 每个角色都要关注自己需要负责什么工作，和其他部门的工作关系是怎样的，最好对自己负责的几项工作标注特殊标记。

任务一 认知年初 4 项工作

1. 新年度规划会议

新的一年开始之际，企业管理团队要制订(调整)企业战略，做出经营规划、设备投资规划、营销策划方案等。具体来讲，需要进行销售预算和可承诺量的计算。

常言道："预则立，不预则废"。预算是企业经营决策和长期投资决策目标的一种数量表现，即通过有关的数据将企业全部经济活动的各项目标具体地、系统地反映出来。销售预算是编制预算的关键和起点，主要是对本年度要达成的销售目标的预测，销售预算的内容是销售数量、单价和销售收入等。

可承诺量的计算：参加订货会之前，需要计算企业的可接单量。企业可接单量主要取决于现有库存和生产能力，因此产能计算的准确性直接影响到销售交付。

> 营销策划方案确定之后，销售主管填写在本书附录 E-"分组竞单表"中。

2. 参加订货会/支付广告费/登记销售订单

参加订货会：各企业派销售主管参加订货会，按照市场地位、广告投放、竞争态势、市场需求等条件分配客户订单。

要点提示

➤ 争取客户订单前，应以企业的产能、设备投资计划等为依据，避免接单不足、设备闲置，或盲目接单、无法按时交货，引起企业信誉降低。

支付广告费：财务主管将广告费放置在沙盘上的"广告费"位置；会计主管记录支出的广告费。

登记销售订单：客户订单相当于与企业签订的订货合同，需要进行登记管理。销售主管领取订单后，负责将订单登记在"订单登记表"中，记录每张订单的订单号、所属市场、所订产品、产品数量、订单销售额、应收账期等，如表 3-1 所示。

表 3-1　登记销售订单

订单号							合计
市场							
产品							
数量							
账期							
销售额							
成本							
毛利							
罚款							

（成本、毛利：交货时填写）

> 客户订货会结束之后，销售主管将订单填写在附录 A-"订单登记表"中。

3. 制订新年度计划

在明确今年的销售任务后，需要以销售为龙头，结合企业对未来的预期，编制生产计划、采购计划、设备投资计划并进行相应的资金预算。将企业的供产销活动有机结合起来，使企业各部门的工作形成一个有机的整体。

4. 支付应付税

依法纳税是每个企业及公民的义务。请财务主管按照上一年度利润表的"所得税"一项的数值取出相应的现金放置于沙盘上的"税金"处，会计主管做好现金收支记录。

任务二 认知每季度 19 项工作

1. 季初现金盘点(请填余额)

财务总监盘点当前现金库中的现金,会计主管在企业经营记录表(1)中记录现金余额。其他主管各自盘点所管理的实物,并将数量记录在企业经营记录表(2)中。

2. 更新短期贷款/还本付息/申请短期贷款

更新短期贷款:如果企业有短期贷款,请财务主管将空桶向现金库方向移动一格。移至现金库时,表示短期贷款到期。

还本付息:短期贷款的还款规则是利随本清。短期贷款到期时,每桶需要支付 20M×5%=1M 的利息,因此,本金与利息共计 21M。财务总监从现金库中取现金,其中 20M 还给银行,1M 放置于沙盘上的"利息"处,会计主管做好现金收支记录。

申请短期贷款:短期贷款只有在这一时点上可以申请,财务主管到银行办理贷款手续。可以申请的最高额度为"上一年所有者权益×2—已贷短期贷款"。

> **要点提示**

> ➢ 企业随时可以向银行申请高利贷,高利贷贷款额度视企业当时的具体情况而定。如果贷了高利贷,可以用倒置的空桶表示,并与短期借款同样管理。

3. 更新应付款/归还应付款

请财务主管将应付款向现金库方向推进一格。到达现金库时,从现金库中取现金付清应付款,会计主管做好现金收支记录。

4. 原材料入库/更新原料订单

供应商发出的订货已运抵企业时,企业必须无条件接受货物并支付原料款。采购主管将原料订单区中的空桶向原料库方向推进一格,到达原料库时,向财务主管申请原料款,支付给供应商,换取相应的原料,并在企业经营记录表中登记入库的原料数量。如果用现金支付,会计主管要做好现金收支记录。如果启用应付账款,在沙盘上做相应标记。

5. 下原料订单

采购主管根据年初制订的采购计划,决定采购的原料的品种及数量,每个空桶代表一批原料,将相应数量的空桶放置于对应品种的原料订单处。

6. 更新生产/完工入库

由生产主管将各生产线上的在制品上推进一格。产品下线表示产品完工,将产品放置于相应的产成品库，在企业经营记录表中登记入库的产品数量。

7. 投资新生产线/变卖生产线/生产线转产

投资新生产线：投资新设备时，生产主管向指导老师领取新生产线标识，翻转放置于某厂房相应位置，其上放置与该生产线安装周期相同的空桶数，每个季度向财务主管申请建设资金，额度=设备总购买价值/安装周期，会计主管做好现金收支记录。在全部投资完成后的下一季度，将生产线标识翻转过来，领取产品标识，可以开始投入使用。

变卖生产线：当生产线上的在制品完工后，可以决定是否变卖生产线。生产线按净值出售，财务主管直接将生产线净值转为现金，会计主管做好现金收支记录。

生产线转产：生产线转产是指某生产线转而生产其他产品。不同生产线类型转产所需的调整时间及资金投入是不同的。如果需要转产且该生产线需要一定的转产周期及转产费用，请生产主管翻转生产线标识，按季度向财务主管申请并支付转产费用；停工满足转产周期要求并支付全部的转产费用后，再次翻转生产线标识，领取新的产品标识，开始新的生产。会计主管做好现金收支记录。

要点提示

➤ 生产线一旦建设完成，不得在各厂房间随意移动。

8. 向其他企业购买原材料/出售原材料

新产品上线时，原料库中必须备有足够的原料，否则需要停工待料。这时采购主管可以考虑向其他企业购买。如果按原料的原值购入，购买方视同"原材料入库"处理，出售方的采购主管从原料库中取出原料，向购买方收取同值现金，放入现金库并做好现金收支记录。如果高于原料价值购入，购买方将差额(支出现金−原料价值)记入利润表中的其他支出，出售方将差额记入利润表中的其他收入，会计主管做好现金收支记录。双方采购主管登记出入库的材料数量。

9. 开始下一批生产

当更新生产/完工入库后，某些生产线的在制品已经完工，可以考虑开始生产新产品。由生产主管按照产品结构从原料库中取出原料，并向财务主管申请产品加工费，将上线产品放到离原料库最近的生产周期，在企业经营记录表中登记在制的产品数量。采购主管登记出库的原料数量。

10. 更新应收款/应收款收现

财务主管将应收款向现金库方向推进一格，到达现金库时即成为现金，会计主管做好现金收支记录。

(要点提示

➤ 在资金出现缺口且不具备银行贷款的情况下,可以考虑应收款贴现。应收款贴现随时可以进行,财务主管按 7 的倍数取应收账款,其中 1/7 作为贴现费用置于沙盘上的"贴息"处,6/7 放入现金库,会计主管做好现金收支记录。应收账款贴现时不考虑账期因素。

11. 出售厂房

资金不足时可以出售厂房,厂房按购买价值出售,但得到的是 4 账期应收账款。

12. 向其他企业购买成品/出售成品

如果产能计算有误,有可能本年度不能交付客户订单,这样不仅信誉尽失,且要接受订单总额的 25%的罚款。这时销售主管可以考虑向其他企业购买产品。如果以成本价购买,买卖双方正常处理;如果高于成本价购买,购买方将差价(支付现金–产品成本)记入直接成本,出售方将差价记入销售收入,财务主管做好现金收支记录。双方的销售主管登记出入库的产品数量。

为了清晰起见,企业之间发生成品购销交易时,双方须登记"组间交易明细表",如表 3-2 所示。

表 3-2 组间交易明细表

时 间		买 入			卖 出		
年	季度	产品	数量	金额	产品	数量	金额

13. 按订单交货

销售主管检查各成品库中的成品数量是否满足客户订单要求,满足则按照客户订单交付约定数量的产品给客户,并在订单登记表中登记该批产品的成本。客户按订单收货,并按订单上列明的条件支付货款,若为现金(0 账期)付款,财务主管直接将现金置于现金库,会计主管做好现金收支记录;若为应收账款,销售主管将现金置于应收账款相应账期处,并在企业经营记录表中登记出库的产品数量。

(要点提示

➤ 必须按订单整单交货。

14. 产品研发投资

按照年初制订的产品研发计划，研发主管向财务主管申请研发资金，置于相应产品生产资格位置。会计主管做好现金收支记录。

> **要点提示**

> ➤ 产品研发投资完成，领取相应产品的生产资格证。

15. 支付行政管理费

管理费用是企业为了维持运营发放的管理人员工资、必要的差旅费、招待费等。财务主管取出 1M 摆放在"管理费"处，会计主管做好现金收支记录。

16. 其他现金收支情况登记

除以上引起现金流动的项目外，还有一些没有对应项目的，如应收账款贴现、高利贷利息、未交订单罚款等，可以直接记录在该项中。

17. 现金收入合计

会计主管统计本季度现金收入总额。其他业务主管登记本季度入库的原料/产品/在制品的数量。

18. 现金支出合计

会计主管统计本季度现金支出总额。第四季度的统计数字中包括第四季度本身的和年底发生的。其他业务主管登记本季度出库的原料/产品/在制品的数量。

19. 期末现金对账

财务主管盘点现金余额，会计主管做好登记。其他业务主管盘点所管理的要素的数量并登记。

以上 19 项工作每个季度都要执行。

任务三　认知年末 6 项工作

1. 支付利息/更新长期贷款/申请长期贷款

支付利息：长期贷款的还款规则是每年付息，到期还本。如果当年未到期，每桶需要支付 $20M×10\%=2M$ 的利息，财务主管从现金库中取出长期借款利息置于沙盘上的"利息"处，会计主管做好现金收支记录。长期贷款到期时，财务主管从现金库中取出现金归还本金及当年的利息，会计主管做好现金收支记录。

更新长期贷款：如果企业有长期贷款，请财务主管将空桶向现金库方向移动一格；当移至现金库时，表示长期贷款到期。

申请长期贷款：长期贷款只有在年末可以申请。可以申请的额度为"上一年所有者权益×2-已有长期贷款"。

2. 支付设备维修费

在用的每条生产线需支付 1M 的维护费，生产主管向财务主管提出设备维修申请，财务主管取相应现金置于沙盘上的"维修费"处，会计主管做好现金收支记录。

3. 支付租金/购买厂房

大厂房为自主厂房，如果本年在小厂房中安装了生产线，此时要决定该厂房是购买还是租用。如果购买，财务主管取出与厂房价值相等的现金置于沙盘上的"厂房价值"处；如果租赁，财务主管取出与厂房租金相等的现金置于沙盘上的"租金"处。无论购买还是租赁，会计主管都应做好现金收支记录。

4. 计提折旧

厂房不提折旧，设备按平均年限法计提折旧，在建工程及当年新建设备不提折旧。财务主管从生产线净值中取折旧费放置于沙盘上的"折旧"处。在使用年限最后一年，将剩余折旧全部提足。

要点提示

➤ 计提折旧时只可能涉及生产线净值和其他费用两个项目，与现金流无关，因此在企业运营流程中标注了( )以示区别，计算现金收/支合计时不应考虑该项目。

5. 新市场开拓/ISO 资格认证投资

新市场开拓：市场主管向财务主管申请市场开拓费，财务主管取出现金放置在要开拓的市场区域，会计主管做好现金支出记录。市场开发完成，从指导教师处领取相应市场准入证。

ISO 认证投资：总经理向财务主管申请 ISO 认证费用，财务主管取出现金放置在要认证的项目上，会计主管做好现金支出记录。认证完成，从指导教师处领取 ISO 资格证。

6. 结账

会计主管需要编制产品核算统计表、综合管理费用明细表、利润表和资产负债表。

年度结束之后，指导教师将会取走沙盘上企业已支出的各项成本，为来年经营做好准备。

要点提示

➤ 起始年关键操作指点。

> ### 起始年说明
> 1. 不进行任何贷款
> 2. 不投资新的生产线
> 3. 不进行产品研发
> 4. 不购买新厂房
> 5. 不开拓新市场
> 6. 不进行ISO认证
> 7. 每季度订购1批R1原料
> 8. 生产持续进行

善意提示

未来几年，你们将领导公司未来的发展，在变化的市场中进行开拓，应对激烈的竞争。企业能否顺利运营下去取决于管理团队正确决策的能力。每个团队成员都应尽可能在做出决策时利用其知识和经验，不要匆忙行动而陷入混乱。

一试身手

1. 请各位主管思考，以上企业运营过程中，你们各负责哪些任务？如何完成？如何与他人协作？需要怎样在"企业经营过程记录表"中做好记录。

2. 将附录 A 中的运行记录表改造成适合你现在的岗位角色的记录表。

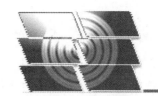

项目四
在实战中成长

实训目标

➤ 团队合作完成六年的模拟经营，获得企业运营管理的宝贵经验
➤ 认真履行岗位职责，理解岗位职业要求
➤ 学会利用专业知识和管理工具做好各项管理工作
➤ 学会与团队成员协同工作，为企业创造价值
➤ 及时总结经验和教训，分享每一年的成长

任务描述

现在，新的管理层已经接过了继续推动企业向前发展的重任。作为新的管理层，你们将对公司的发展负完全责任。通过模拟企业六年的经营，你们将在分析市场、制定战略、营销策划、生产组织、财务管理等一系列活动中，参悟科学的管理规律，全面提升管理能力。

实践步骤

制定计划	1. 业务计划：包括销售计划、设备投资与改造、生产计划、采购计划、市场开发计划、产品研发计划 2. 资金计划
执行与控制	1. 内部运营流程 2. 任务执行监控 3. 管理报告
评价与总结	1. 案例分析 2. 反思与总结

1. 制订计划

计划是执行各项工作的依据。每年年初，总经理都要带领管理团队，在企业战略的指导下，制订销售计划、设备投资计划、生产计划、采购计划、资金计划、市场开发计划及产品研发计划等。

(1) 销售计划

简明的销售计划至少应说明：企业将生产什么产品？生产多少？通过什么渠道销售？计划在什么地区销售？各产品线、地区比例如何？是否考虑促销活动？正确制订销售计划的前提是收集必要信息，做出相关分析，包括产品市场信息、企业自身的产能、竞争对手的情况等。

一个好的销售计划一定是符合销售组织自身特点、适用于本组织发展现状的计划。脱离实际情况的、过于宏观的销售计划会对实际的销售活动失去指导意义。一个好的销售计划同时也是一个全员参与的计划，是一个被组织上下以及客户认可的计划。

(2) 设备投资与改造

设备投资与改造是提高产能，保障企业持续发展的策略之一。企业进行设备投资时需要考虑以下因素。

➤ 市场上对各种产品的需求状况。

➤ 企业目前的产能。

➤ 新产品的研发进程。

➤ 设备投资分析。

➤ 新设备用于生产何种产品，所需资金来源，设备安装地点。

➤ 设备上线的具体时间及所需物料储备。

(3) 生产计划

企业主要有五个计划层次，即经营规划、销售与运作规划、主生产计划、物料需求计划和能力需求计划。这五个层次的计划实现了由宏观到微观、由粗到细的深化过程。主生产计划是宏观向微观的过渡性计划，是沟通企业前方(市场、销售等需方)和后方(制造、供应等供方)的重要环节。物料需求计划是主生产计划的具体化，能力需求计划是对物料需求计划做能力上的平衡和验证。从数据处理逻辑上讲，主生产计划与其他计划层次之间的关系如图 4-1 所示。

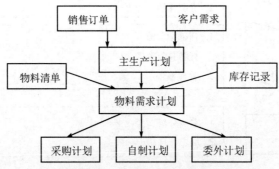

图 4-1　主生产计划与其他计划层次之间的关系

主生产计划要回答 A：生产什么？生产多少？何时生产？

物料清单回答 B：用什么来生产？

库存记录回答 C：我们已经有什么？

物料需求计划回答 D：还应得到什么？

它们共同构成了制造业的基本方程：$A \times B - C = D$

(4) 采购计划

采购计划要回答三个问题：采购什么？采购多少？何时采购？

① 采购什么

从图 4-1 中不难看出，采购计划的制订与物料需求计划直接相关，并直接上溯到主生产计划。根据主生产计划，减去产品库存，并按照产品的 BOM 结构展开，就得到了为满足生产所需还要哪些物料，哪些可以自制，哪些必须委外，哪些需要采购。

② 采购多少

明确了采购什么，还要计算采购多少，这与物料库存和采购批量有直接联系。

③ 何时采购

要达到"既不出现物料短缺，又不出现库存积压"的管理境界，就要考虑采购提前期、采购政策等相关因素。

(5) 资金计划

成本费用的支付需要资金、各项投资需要资金、到期还债需要资金，如果没有一个准确详尽的资金预测，很快您就会焦头烂额、顾此失彼。因此，每年年初做现金预测是非常必要的，它可以使您运筹帷幄，游刃有余。

为了帮助大家制订计划，附录中提供了相关的辅助计划工具，包括企业经营过程记录表、生产计划及采购计划编制、开工计划、采购及材料付款计划，还有用于财务综合评价的杜邦模型。

2. 执行与控制

计划制订之后，企业的日常运营将在总经理的领导下，按照企业运营流程所指示的程序及顺序进行。企业应该对各年每个季度的企业运营要点进行记录，以便于核查、分析。

(1) 企业运营流程

企业运营流程中包括了各模拟企业进行日常运营时必须执行的工作任务及必须遵守的工作流程。由总经理主持，按照企业运营流程所列工作内容及先后顺序开展工作，每执行完一项操作，总经理在相应的方格内打勾确认，以示完成；如果涉及现金收支业务，财务主管负责现金收支，会计主管负责在相应方格内填写现金收支情况。

(2) 订单登记表

用于记录本年取得的客户订单。年初销售主管参加订货会，争取到客户订单，随后进行订单登记，填写订单登记表中的订单号、市场、产品、数量、账期、销售额等项目。按订单交货时，登记成本项目，计算毛利项目。年末，如果有未按时交货的，在"罚款"栏目中标注罚款金额。

(3) 组间交易明细表

在很多情况下会发生企业之间购销成品的行为，它会影响到企业当年的销售量和生产成本，认真做好记录有助于对企业经营过程进行深入分析。

(4) 产品核算统计表

产品核算统计表是按产品品种对销售情况进行的统计，是对各品种本年销售数据的汇总。本年的销售数据根据订单登记表和组间交易明细表中的记录汇总填列。

本年某产品销售数量=订单登记表某产品合计数－本年未交订单数量＋上年未交本年已交
订单数量＋组间交易明细表中本年出售的产品数量

其他数据依此类推。

(5) 综合管理费用明细表

用于记录企业日常运营过程中发生的各项费用。对于市场准入开拓、ISO 资格认证和产品研发不仅要记录本年投入的总金额，还要在备注栏中说明明细。市场准入开拓、ISO资格认证在备注栏中相关项目上打勾确认；产品研发在对应项目后的括号中填写实际投入金额。

(6) 利润表

年末，要核算企业当年的经营成果，编制利润表。利润表中各项目的计算如表 4-1 所示。

表 4-1　利润表的编制

利 润 表

编报单位：百万元

项　目	行　次	数 据 来 源
销售收入	1	产品核算统计表中的销售额合计
直接成本	2	产品核算统计表中的成本合计
毛利	3	第 1 行数据－第 2 行数据
综合费用	4	管理费+广告费+维修费+租金+转产费+市场准入开拓+ISO 资格认证费+产品研发费+信息化建设投资费+其他费用
折旧前利润	5	第 3 行数据－第 4 行数据
折旧	6	按平均年限法计算得到
支付利息前利润	7	第 5 行数据－第 6 行数据
财务收入/支出	8	借款、高利贷、贴现等支付的利息计入财务支出
其他收入/支出	9	出租厂房的收入、购销原材料的收支
税前利润	10	第 7 行数据＋财务收入＋其他收入－财务支出－其他支出
所得税	11	第 10 行数据除以 4 取整
净利润	12	第 10 行数据－第 11 行数据

(7) 资产负债表

年末，要编制反映企业财务状况的资产负债表。资产负债表中各项目的计算如表 4-2 所示。

表 4-2　资产负债表的编制

<table>
<tr><td colspan="4" align="center">资 产 负 债 表</td></tr>
<tr><td colspan="4" align="right">编报单位：百万元</td></tr>
<tr><td align="center">资　　产</td><td align="center">数 据 来 源</td><td align="center">负债和所有者权益</td><td align="center">数 据 来 源</td></tr>
<tr><td>流动资产：</td><td></td><td>负债：</td><td></td></tr>
<tr><td>　现金</td><td>盘点现金库中的现金</td><td>　长期负债</td><td>长期负债</td></tr>
<tr><td>　应收账款</td><td>盘点应收账款</td><td>　短期负债</td><td>盘点短期借款</td></tr>
<tr><td>　在制品</td><td>盘点生产线上的在制品</td><td>　应付账款</td><td>盘点应付账款</td></tr>
<tr><td>　成品</td><td>盘点成品库中的成品</td><td>　应交税金</td><td>根据利润表中的所得税填列</td></tr>
<tr><td>　原料</td><td>盘点原料库中的原料</td><td></td><td></td></tr>
<tr><td>流动资产合计</td><td>以上五项之和</td><td>负债合计</td><td>以上五项之和</td></tr>
<tr><td>固定资产：</td><td></td><td>所有者权益：</td><td></td></tr>
<tr><td>　土地和建筑</td><td>厂房价值之和</td><td>　股东资本</td><td>股东不增资的情况下为50</td></tr>
<tr><td>　机器与设备</td><td>设备价值</td><td>　利润留存</td><td>上一年利润留存+上一年利润</td></tr>
<tr><td>　在建工程</td><td>在建设备价值</td><td>　年度净利</td><td>利润表中的净利润</td></tr>
<tr><td>固定资产合计</td><td>以上三项之和</td><td>所有者权益合计</td><td>以上三项之和</td></tr>
<tr><td>资产总计</td><td>流动资产合计+固定资产合计</td><td>负债和所有者权益总计</td><td>负债合计+所有者权益合计</td></tr>
</table>

3. 评价与总结

(1) 自我反思与总结

每一年经营结束，管理团队都要对企业经营结果进行分析，深刻反思成在哪里？败在哪里？竞争对手情况如何？是否需要对企业战略进行调整？学习者就是在犯错误中认识错误，在不断的失败中获得成功的经验的。

(2) 现场案例解析

讲师要结合课堂及当年具体情况，找出大家普遍困惑的问题，对现场出现的典型案例进行深层剖析，用数字说话，让受训者感悟管理知识与管理实践的真实差距。这也是课程的精华所在。

知识链接

1. 企业经营的本质

> 经营是指企业以市场为对象,以商品生产和商品交换为手段,为了实现企业的目标,使企业的投资、生产、销售等经济活动与企业的外部环境保持动态平衡的一系列有组织的活动。

1-1 企业生存

《企业法》规定,企业因经营管理不善造成严重亏损,不能清偿到期债务的,可以依法宣告破产。这从另外一个角度告诉我们,在六年的模拟经营中,如果出现以下两种情况,企业将宣告破产。

(1) 资不抵债

如果企业所取得的收入不足以弥补其支出,导致所有者权益为负时,企业破产。

(2) 现金断流

如果企业的负债到期,无力偿还,债权人会来敲你的门,企业破产。

生存是发展的基础。各位一路小心。

1-2 企业盈利

企业是一个以盈利为目的的经济组织,企业经营的本质是股东权益最大化,即盈利。而从利润表中的利润构成中不难看出盈利的主要途径一是扩大销售(开源),二是控制成本(节流)。

(1) 扩大销售

利润主要来自于销售收入,而销售收入由销售数量和产品单价两个因素决定。提高销售数量有以下方式。

① 扩张现有市场,开拓新市场

② 研发新产品

③ 扩建或改造生产设施,提高产能

④ 合理加大广告投放力度,进行品牌宣传

提高产品单价受很多因素制约,但企业可以选择单价较高的产品进行生产。

(2) 控制成本

产品成本分为直接成本和间接成本。控制成本主要有以下两种方法。

① 降低直接成本

直接成本主要包括构成产品的原料费和人工费。在"ERP沙盘模拟"课程中,原料费由产品的BOM结构决定,在不考虑替代材料的情况下没有降低的空间;用不同生产线生产同一产品的加工费也是相同的，因此在"ERP沙盘模拟"课程中，产品的直接成本是固定的。

②　降低间接成本

从节约成本的角度，我们不妨把间接成本区分为投资性支出和费用性支出两类。投资性支出包括购买厂房、投资新的生产线等，这些投资是为了扩大企业的生产能力而必须发生的；费用性支出包括营销广告、贷款利息等，通过有效筹划是可以节约一部分的。

2. 企业战略

2-1　什么是企业战略

迈克尔·波特从三个层次对战略进行了定义：第一个层次，战略就是创造一种独特、有利的定位，涉及各种不同的运营活动；第二个层次，战略就是在竞争中做出取舍，其实质就是选择不做哪些事情；第三个层次，战略就是在企业的各项运营活动之间建立一种配称。

2-2　企业战略分为几个层次

企业战略分为三个层次，即公司战略、业务战略和职能战略。

公司战略又称总体战略，是企业最高层次的战略，主要关注两个问题：第一，公司经营什么业务；第二，公司总部应如何管理多个业务单位来创造企业价值。

业务战略又称经营战略，主要关注企业经营的各个业务如何获取竞争优势。

职能战略通常是短期的、局部的，因而称为"策略"可能更为准确，主要包括市场营销策略、财务管理策略、人力资源开发与管理策略、研究与开发策略、生产制造策略等。

2-3　什么是企业战略管理

企业战略管理是指企业战略的分析与制订、评价与选择以及实施与控制。它是一个能够使企业达到其战略目标的动态管理过程。企业战略管理图如图4-2所示。

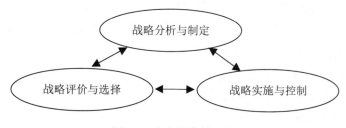

图4-2　企业战略管理图

2-4　如何进行企业环境分析

企业环境分析包括企业宏观环境分析、企业行业及竞争环境分析、企业内部条件分析。

企业的宏观环境分析主要包括六个方面：政治环境、法律环境、经济环境、科技环境、社会环境和文化环境。

行业及竞争环境分析包括行业的主要经济特性分析、行业吸引力分析、行业变革的驱动因素分析、行业竞争的结构分析、行业竞争对手选择与分析、行业市场集中度与行业市场细分及战略组分析。

企业内部条件分析应关注以下几个方面：企业目前的战略运行效果如何；企业面临哪些资源强势和弱势；企业价值链分析；企业核心能力分析；企业产品竞争力及市场营销状况分析；企业经济效益状况分析；企业面临的战略问题分析。

2-5 如何进行企业目前的战略运行效果评估

(1) 财务方面

➢ 企业销售额的增长率比整个市场的增长率是快还是慢？

➢ 利润率是在上升还是下降？与竞争对手相比如何？

➢ 净利润率、投资回报率、经济附加值(EVA)的变化趋势，以及与行业内其他企业的比较。

➢ 公司是否正在完成其既定的财务目标？

➢ 公司的业绩是否处于行业平均水平以上？

(2) 顾客满意方面

➢ 企业市场占有率是提高了或是降低了？还是稳定不变？

➢ 新市场及新客户的开拓效果如何？

➢ 重点市场销售收入占总销售收入的比重如何？

➢ 老客户的保持及增长率如何？客户流失率如何？

➢ 客户满意度如何？公司在顾客中的形象和声誉如何？

(3) 在企业内部流程方面

➢ 供应商的规模与数量如何？

➢ 供应商提供的原材料零配件的质量、数量、交货期等情况如何？

➢ 新产品销售收入占总销售收入的比重是多少？

➢ 研发费用占销售收入的比重是多少？

➢ 企业生产管理状况如何？产品质量如何？产品生产成本降低状况如何？

➢ 企业劳动生产率提高状况如何？

➢ 企业市场营销状况如何？

➢ 企业市场营销组织及费用状况如何？

➢ 企业组织状况如何？

➢ 企业人力资源的开发与管理状况如何？

➢ 企业文化建设状况如何？

(4) 员工学习与成长

➢ 员工工作满意度如何？

➢ 员工年流失率如何？

➢ 企业内各级干部及员工的培训计划及培训效果如何？

> 企业培训费用占销售收入的比例与行业平均比例的比较。

2-6 企业一般竞争战略

企业一般竞争战略包括成本领先战略、产品差异化战略及集中化战略。

(1) 成本领先战略

此战略的要点在于力求将生产和营销成本降到最低，通过低成本来获取行业领导地位，吸引市场上众多对价格敏感的购买者。这类企业或者以较低的售价扩大市场份额，或者以和竞争对手相同的价格出售产品来增加利润。

(2) 差异化战略

差异化战略是设法使自己的产品或服务有别于其他企业，在行业中树立起差异化的经营特色，从而在竞争中获取有利地位。

获取产品差异化的途径有产品质量、产品可靠性、产品创新、产品品牌、产品服务。

(3) 集中化战略

集中化战略是指企业将经营范围集中于行业内某一有限的细分市场，使企业有限的资源得以充分发挥效力，在某个局部市场的实力超过其他竞争对手，赢得竞争优势。

2-7 公司的发展战略

公司的发展战略有三大类，每一类又含有三种形式，如表 4-3 所示。

表 4-3　企业发展战略

密集发展	一体化发展	多元化发展
市场渗透	向后一体化	同心多元化
市场开发	向前一体化	横向多元化
产品开发	水平一体化	混合多元化

(1) 什么是密集性发展

密集性发展就是企业在原有生产范围内充分利用产品和市场方面的潜力来求得成长发展，主要方法有市场渗透、产品开发和市场开发。

市场渗透是指企业生产的老产品在老市场上进一步渗透，扩大销量。市场开发就是指用老产品去开发新市场；而产品开发是指用改进老产品或开发新产品的方法来增加企业在老市场上的销售额。

(2) 什么是企业一体化战略

一体化战略是指通过资产纽带或契约方式，企业与其业务的输入端或输出端的企业联合，或与相同的企业联合，形成一个统一的经济组织，从而达到降低交易费用及其他成本、提高经济效益的战略。

一体化战略又分为后向一体化战略、前向一体化战略和水平一体化战略。

后向一体化是沿着与企业当前业务的输入端有关的活动向上延伸，如制造企业通过控制或合并原材料、零部件供应企业实现产供一体化。前向一体化是沿着与企业当前业务的输出端有关的活动向下延伸，如制造企业通过向前控制分销系统(如批发商、零售商)实现产销结合。水平一体化即开展那些与企业当前业务相竞争或相补充的活动，如一家大零售商合并若干小零售店开办连锁商店。

(3) 什么是企业多元化战略

多元化战略是指一个企业同时在两个以上的行业从事生产经营活动，或同时生产或提供两种以上基本经济用途不同的产品和服务的战略。如果公司所在行业的发展潜力已有限，而其他领域存在着很好的发展机会；或者公司所在领域虽有潜力可挖，但公司还有足够的资源进入新领域，而本行业之外又确实不乏发展的机会时，企业可选择多元化发展战略。

多元化战略又分为水平多元化、垂直多元化、同心多元化、联合多元化等。

2-8 什么是企业战略计划

企业战略计划是将企业视为一个整体，为实现企业战略目标而制定的长期计划。企业战略计划的工作方式一般有以下四种。

> 自上而下的方法。
> 自下而上的方法。
> 上下结合的方法。
> 设立特别小组的方法。

企业战略计划的工作步骤如下。

(1) 确定各事业部战略目标，制定各事业部的战略方案。

(2) 确定各职能部门的任务及策略。

(3) 资源分配及资金预算。

2-9 目标管理

目标管理是这样一种程序或过程，它使企业的上级与下级一起商定企业的共同目标，并由此决定上下级的责任和分目标，并把这些目标作为经营、评估和奖励每个单位和个人贡献的标准。目标管理的步骤如下。

(1) 建立目标体系。将总目标分解为企业各内部单位的具体目标，形成目标体系，各项目标必须具体化、定量化，各目标间应相互协调，既具有"挑战性"，又要有现实性。

(2) 企业内各级之间在制定各级的各项目标时要经过充分的磋商，并取得一致意见。简单地将下级目标汇总不是目标管理，而是放弃领导；将预定的目标视为不可改变的，强迫下级接受也不是目标管理。

(3) 在目标确定的基础上，上级应授予下级实现目标所必需的各种权力。

(4) 定期检查，发现与目标相偏离时，上级应进行指导和帮助。

(5) 要及时反馈目标的达成情况，进行考核，并和奖惩制度挂钩。

2-10 什么是平衡计分卡

平衡计分卡以平衡为目的，寻求企业短期目标与长期目标之间、财务度量绩效与非财务度量绩效之间、落后指标与先进指标之间、企业内部成长与企业外部满足顾客需求之间的平衡状态，是全面衡量企业战略管理绩效、进行战略控制的重要工具和方法。

平衡计分卡包括四个方面：财务、顾客、企业内部流程、员工的学习与成长。

平衡计分卡提供的将战略转化为企业绩效管理的框架如图4-3所示。

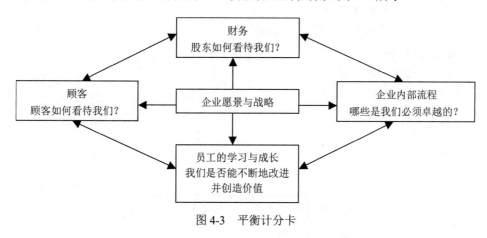

图4-3　平衡计分卡

3. 市场营销

3-1　什么是市场营销

市场营销是从卖方的立场出发，以买主为对象，在不断变化的市场环境中，以顾客需求为中心，通过交易程序，提供和引导商品或服务到达顾客手中，满足顾客需求与利益，从而获取利润的企业综合活动。

3-2　市场营销的基本职能

(1) 与市场紧密联系，收集有关市场营销的各种信息、资料，开展市场营销研究，分析营销环境、竞争对手和顾客需求、购买行为等，为市场营销决策提供依据。

(2) 根据企业的经营目标和企业内外环境分析，结合企业的有利和不利因素，确定企业的市场营销目标和营销方针。

(3) 制定市场营销决策。
- 细分市场，选择目标市场。
- 制定产品决策。
- 制定价格决策。
- 制定销售渠道政策。
- 制定沟通决策。
- 组织售前、售中、售后服务，方便顾客。
- 制订并综合运用市场营销组合策略，以及市场竞争策略。
- 制订市场发展战略。

(4) 市场营销计划的编制、执行和控制。

(5) 销售事务与管理。建立与调整营销组织，制定销售及一般交易的程序和手续、销售合同管理，营销人员的培训、激励与分配等管理。

3-3 营销战略规划的基本程序

➢ 企业内外部环境分析。

➢ 市场细分、目标市场选择与市场定位。

➢ 确定营销目标。

➢ 确定市场营销策略组合。

➢ 实施和控制市场营销活动。

3-4 波士顿法

波士顿法使用"销售增长率－市场占有率"区域图，对企业的各个业务单位进行分类和评估，如图4-4所示。

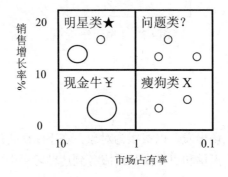

图 4-4 波士顿矩阵

图中纵向表示销售增长率，即产品销售额的年增长速度，以10%(也可以设为其他临界值)为临界线分为高低两部分；横向表示业务单位的市场占有率与最大竞争对手市场占有率之比，称为相对市场占有率，以1.0为分界线分为高低两个部分。销售增长率反映产品的成长机会和发展前途；相对市场占有率则表明企业的竞争实力大小。区域中的圆圈代表企业的各业务单位，圆圈的位置表示该业务单位销售增长率和相对市场占有率的现状，圆圈的面积表示该业务单位的销售额大小。

图中的四个象限分别代表以下四类不同的业务单位。

(1) "问号"类

销售增长率高而相对市场占有率低的业务单位。大多数业务单位最初都处于这一象限，这类业务单位需要较多的投入，以赶上最大竞争对手和适应迅速增长的市场需求，但是它们大都前途未卜，难以确定前景。企业必须慎重考虑是对它们继续增加投入，还是维持现状，或者淘汰。

(2) "明星"类

问号类业务如果经营成功，就会成为明星类。该业务单位的销售增长率和相对市场占有率都较高，因其销售增长迅速，企业必须大量投入资源以支持其快速发展，需要大量的现金投入，是企业业务中的"现金使用者"。待其销售增长率下降时，这类业务就从"现金使用者"变为"现金提供者"，即变为"金牛"类业务单位。

(3) "金牛"类

销售增长率低，相对市场占有率高的单位。由于销售增长率放缓，不再需要大量资源投入；又由于相对市场占有率较高，这些业务单位可以产生较高的收益，支援其他业务的生存和发展。"金牛"业务是企业的财源，这类业务单位越多，企业的实力越强。

(4) "瘦狗"类

销售增长率和相对市场占有率都较低的业务单位。它们或许能提供一些收益，但往往是盈利甚少甚至亏损，因而不应再追加资源投入。

在对各业务单位进行分析之后，企业应着手制定业务组合计划，确定对各个业务单位的投资策略。可供选择的战略有以下四种。

(1) 发展战略

提高业务的市场占有率，必要时可放弃短期目标。适用于"问号"类业务，通过发展有潜力的"问号"类业务，可使之尽快转化为"明星"类业务。

(2) 保持战略

目标是保持业务的市场占有率，适用于"金牛"类业务，该类业务单位大多处于成熟期，采取有效的营销策略延长其盈利是完全可能的。

(3) 缩减战略

目标是尽可能地在有关业务上获取短期收益，而不过多地考虑长期效果。该战略适用于"金牛"类业务，也适用于"问号"和"瘦狗"类业务。

(4) 放弃战略

通过变卖或处理某些业务单位，把有限的资源用于其他效益较高的业务。该战略主要适用于"瘦狗"类业务或无发展前途、消耗盈利的"问号"类业务。

3-5 市场需求调查和预测

某种产品的市场需求是指在特定的地理区域、特定的时间、特定的营销环境中，特定的顾客愿意购买的产品总量。市场需求调查的内容如下。

➢ 市场需求总量
➢ 销售量预测

市场需求总量受以下六个因素的影响。

➢ 产品
➢ 顾客
➢ 地理区域
➢ 时间环境
➢ 营销环境
➢ 营销费用投入

3-6 产品生命周期

产品生命周期是产品从试制成功投入市场开始直到最后被淘汰退出市场为止所经历的全部时间。产品生命周期划分为导入期、成长期、成熟期和衰退期四个阶段，如图 4-5 所示。

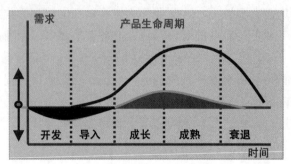

图 4-5 产品生命周期曲线

产品市场生命周期特征如表 4-4 所示。

表 4-4 产品生命周期特征

比 较 项 目	导 入 期	成 长 期	成 熟 期	衰 退 期
销售量	低	剧增	最大	衰退
顾客成本	高	一般	低	低
利润	亏损	利润增长	利润高	利润下降
顾客	创新者	早期接受者	中间主要一族	落后者
竞争者	很少	增多	数量稳定、开始下降	数量下降
营销目标	创建产品知名度	市场份额达到最大	保护市场份额的同时争取最大利润	减少开支，挤出品牌剩余价值

研究产品生命周期各阶段的特点以及产品生命周期的销售情况和获利能力随产品生命周期变化的趋势，有助于企业分析判断企业的各类产品现在处于什么阶段、未来发展趋势如何，以便企业采取正确的营销策略。

3-7 市场细分与市场定位

(1) 市场细分

市场细分是指根据整体市场上顾客需求的差异性，以影响顾客需求和渴望的某些因素为依据，将一个整体市场划分为两个或两个以上的消费者群体，每一个需求特点相类似的消费者群就构成一个细分市场。

市场细分是选择目标市场的基础。

(2) 目标市场选择策略

目标市场的选择一般有以下三种策略。

① 无差异营销策略：指企业不进行市场细分，把整个市场作为目标市场。

② 差异性营销策略：指企业将整个市场细分后，选择两个或两个以上，直至所有的细分市场作为其目标市场。差异性营销策略包括完全差异性营销策略、市场专业化策略、产品专业化策略和选择性专业化策略。

③ 集中性营销策略：指企业在对整体市场进行细分后，由于受到资源等条件的限制，决定只选取其中一个细分市场作为企业的目标市场，以某种市场营销组合集中实施于该目标市场。又称产品—市场专业化策略。

(3) 市场定位

市场定位就是使企业产品具有一定的特色，适应目标市场一定的需求和爱好，塑造产品在目标客户心目中的良好形象和合适的位置。市场定位的实质就在于取得目标市场的竞争优势，确定产品在目标顾客心目中的适当位置并留下值得购买的印象，以吸引更多的客户。

3-8 品牌及品牌策略

(1) 什么是品牌

品牌是商品的商业名称及其标识的统称，通常由文字、标记、符号、图案、颜色以及它们的不同组合等构成。品牌通常由三部分构成：品牌名称、商标和其他品牌标志。

品牌是企业可资利用的无形资产，有利于开展商品广告宣传和推销工作；有助于树立企业良好的形象；有利于企业推出新产品。

(2) 品牌策略

企业可以选择适用的品牌策略。具体包括品牌化策略、品牌提供者策略、品牌地位策略、品牌质量策略、品牌种族策略、品牌延展策略、品牌重塑策略。

3-9 什么是市场营销组合？

市场营销组合是指企业为了进入某一特定的目标市场，在全面考虑其任务、目标、资源及外部环境的基础上，对企业可以控制的各种营销手段进行选择、搭配、优化组合、综合运用，以满足目标市场的需要，获取最佳经济效益的一种经营理念。

(1) 4P 营销组合要素

➢ 产品—Product

➢ 价格—Price

➢ 分销—Place

➢ 促销—Promotion

(2) 4C 营销组合要素

➢ 消费者的需求和愿望—Customer needs and wants

➢ 消费者愿意支付的成本—Cost to the customer

➢ 消费者购买的便利性—Convenience

➢ 与消费者的沟通—Communication

企业的市场营销活动应该以消费者为中心，发现消费者的需求，以最低的成本、最大的便利性提供产品以满足消费者的需求，同时保持同消费者的充分沟通，通过沟通达到传递信息、刺激销售的目的。

(3) 4R 营销组合要素

➢ 关联—Related

➢ 反应—Reaction

➢ 关系—Relationship

➢ 回报—Reward

3-10　营销计划的内容

➢ 计划概要：对主要营销目标和措施作概括的说明。

➢ 分析当前营销状况。

➢ SWOT 分析。

➢ 拟定营销目标。

➢ 列出主要的营销策略。

➢ 提出行动方案。

➢ 预算方案。

➢ 控制：年度计划控制、获利性控制、效率控制、战略控制。

4. 生产管理

4-1　什么是生产管理

生产管理是指对一个生产系统的设计、运作、评价和改进的管理，它包含对从有形产品和无形产品的研究开发到加工制造、销售、服务、回收、废弃的全寿命过程所做的系统管理。

4-2　制造企业最基本的生产经营活动

(1) 制定经营方针和目标

通过调查研究市场需求、容量、竞争态势，分析企业的经营环境和自身的条件，确定计划期企业应生产什么产品、生产多少、什么时候投放市场，以什么价格销售、成本须控制在什么水平等。核心是要确定计划期企业必须实现的利润目标。经营方针和经营目标规定了企业全部生产活动的方向和要求。

(2) 技术活动

为了适应不断发展的社会需求和保持强大的竞争能力，企业需要不断研制开发新产品，进行产品的更新换代，研究采用新技术、新工艺和对企业进行技术改造等一系列有关的技术活动。

(3) 供应活动

包含原材料采购、能源供应、设备和工具的采购等，以保证供应生产所需的各种生产资源。

(4) 加工制造活动

把获得的生产资源通过加工制造过程转化为社会所需要的各种工业产品，并要符合计划规定的质量、数量、成本、交货期和环保安全的要求。

(5) 销售活动

通过广告和各种销售渠道，把生产出来的产品在市场上进行销售，并为用户进行售前和售后服务。

(6) 财务活动

为供应活动、技术活动、生产活动、销售活动筹集所需的资金，对取得的销售收入和利润进行合理的分配，以支持企业扩大再生产和保证企业各部分成员的合法利益。

4-3　生产管理的发展历史

- 泰勒的科学管理法——《工厂管理法》
- 福特的大量生产方式——标准化、简单化、专门化
- 通用汽车公司——全面质量管理 TQM
- 丰田生产方式——JIT 准时化生产
- 精益生产方式——消除一切浪费

4-4　产品及产品战略

(1) 什么是产品

产品是能够提供给市场进行交换，供人们取得、使用或消费，并能够满足人们某种欲望或需要的任何东西。

整体产品包含三个层次：核心产品、形式产品和延伸产品。

(2) 产品战略

- 成本领先
- 别具一格
- 集中一点

4-5　新产品开发

新产品类型包括全新产品、革新产品、改进新产品、市场重定位产品等。新产品开发过程包括构思形成、构思筛选、概念的形成和测试、市场营销战略的制定、商业分析、产品开发、市场试销、正式上市等步骤。

R&D 战略的主要内容如下。

- 设定战略目标
- 选择新事业领域
- 选择 R&D 方式
- 决定研究、开发规模和投入费用

4-6　什么是生产能力

生产能力是指企业在一定时期内，在合理的、正常的技术组织条件下，所能生产的一

定种类产品的最大数量。

扩大企业的生产能力，可以采用不同的策略，通常有激进型策略和保守型策略。

激进型策略是指针对增长的需求，企业扩大生产能力的时间略超前于需求到来的时间，每次生产能力扩大的幅度较大。保守型策略采取稳扎稳打的方针，在需求增长以后再扩大企业的生产能力，每次扩大的幅度不大。

4-7 设备管理

(1) 什么是设备管理

设备管理是指依据企业的生产经营目标，通过一系列的技术、经济和组织措施，对设备生命周期内的所有设备物质运动形态和价值运动形态进行的综合管理工作。

(2) 什么是设备寿命周期

设备寿命周期指的是设备从规划、购置、安装、调试、使用、维护直至改造、更新及报废全过程所经历的全部时间。

(3) 设备的寿命周期费用

设备的寿命周期费用由以下两部分构成。

➢ 固定费用：包括购置费、安装调试费、人员培训费。

➢ 运行费用：包括直接或间接劳动费、保养费、维护费、消耗品费用等。

(4) 评价设备的经济性常用的方法

➢ 投资回收期法

➢ 费用比较法

➢ 效益费用比较法

➢ 费用效率比较法

(5) 设备的维护

设备的维护是指为了保持设备正常的技术状态、延长使用寿命，按标准进行的检查与润滑，间隙的及时调整以及隐患的消除等一系列的日常工作。

许多企业实行设备三级保养制度：设备的日常保养(日常维护)、一级保养、二级保养。

5. 财务管理

5-1 什么是财务管理

财务管理是以资本收益最大为目标，对企业资本进行优化配置和有效利用的一种资本运作活动。财务管理的内容包括以下几方面。

➢ 长期投资决策

➢ 长期筹资决策

➢ 流动资产管理

➢ 财务分析

➢ 财务预算

5-2 什么是资本

资本是指能够在运动中不断增值的价值,这种价值表现为企业为进行生产经营活动所垫支的货币。

资本具有稀缺性、增值性、控制性。

企业资本来源于两个方面:一是作为债权人所有的债务资本,二是作为所有者所有的权益资本。

5-3 什么是财务管理工具

财务管理工具是指财务管理所采用的各种技术和方法的总称。财务管理工具包括财务计划、财务控制和财务分析。财务计划又以财务预测和财务决策为基础。

(1) 财务预测

财务预测是指利用企业过去的财务活动资料,结合市场变动情况,对企业未来财务活动的发展趋势做出科学的预计和测量,以便把握未来、明确方向。

财务预测一般包括流动资产需要量预测、固定资产需要量预测、成本费用预测、销售收入预测、利润总额与分配预测以及长短期投资预测等。

(2) 财务决策

财务决策是指财务人员根据财务目标的总要求,运用专门的方法,从各种备选方案中选择最佳方案的过程。

财务决策一般包括筹资决策、投资决策、股利决策和其他决策。筹资决策主要解决如何以最小的资本成本取得企业所需要的资本,并保持合理的资本结构,包括确定筹资渠道和方式、筹资数量和时间、筹资结构比例关系等;投资决策主要解决投资对象、投资数量、投资时间、投资方式和投资结构的优化选择问题;股利决策主要解决股利的合理分配问题,包括确定股利支付比率、支付时间、支付数额等;其他决策包括企业兼并与收购决策、企业破产与重整决策等。

(3) 财务控制

财务控制就是依据财务计划目标,按照一定的程序和方式,发现实际偏差与纠正偏差,确保企业及其内部机构和人员全面实现财务计划目标的过程。

财务控制按照控制的时间分为事前控制、事中控制和事后控制;按照控制的依据分为预算控制和制度控制;按照控制的对象分为收支控制和先进控制;按照控制的手段分为绝对数控制和相对数控制。

(4) 财务分析

财务分析是以企业会计报表信息为主要依据,运用专门的分析方法,对企业财务状况和经营成果进行解释和评价,以便于投资者、债权人、管理者以及其他信息使用者作出正确的经济决策。

5-4 企业的基本财务活动包括哪些内容

企业基本财务活动包括筹资、投资以及收益分配。

5-5　什么是资本金

资本金是指企业在工商行政管理部门登记的注册资金。所有者对企业投入的资本金是企业从事正常经济活动、承担经济责任的物质基础，是企业在经济活动中向债权人提供的基本财务担保。

5-6　什么是长期借款

长期借款是企业向银行或非银行金融机构借入的期限超过一年的贷款。长期借款主要用于企业的固定资产购置和满足长期流动资金占用的需要。长期借款按用途不同分为固定资产投资贷款、更新改造贷款、科技开发和新产品试制贷款等。

5-7　什么是资本成本

资本成本是指企业为取得和长期占用资产而付出的代价，它包括资本的取得成本和占用成本。

资本的取得成本是指企业在筹措资金过程中所发生的各种费用。资金的占用成本是指企业因占用资本而向资本提供者支付的代价，如长期借款利息、长期债券利息、优先股股息、普通股的红利等。

5-8　什么是营运资本

营运资本指投入流动资产的那部分成本。流动资产包括现金和有价证券、应收账款和存货，是企业从购买原材料进行生产直至销售产品收回货款这一生产和营销活动过程中所必需的资产。

营运资本决策的主要内容包括如下几方面。

> 收账和现金支付
> 筹集短期资金
> 流动性管理
> 应收账款管理
> 存货管理

5-9　什么是投资回收期

投资回收期是指在不考虑资金时间价值的前提下，用投资项目所得的净现金流量来回收项目初始投资所需的年限。投资回收期越短，投资效益越好。

投资回收期法是长期投资决策的一种基本方法。

5-10　预算与预算管理

(1) 什么是预算

预算是经营决策和长期决策目标的一种数量表现，即通过有关的数据将企业全部经营活动的各项目标具体地、系统地反映出来。

预算的作用主要表现在四个方面：明确目标、协调平衡、日常控制、业绩评价。

常用的编制预算的方法包括弹性预算、零基预算、概率预算、滚动预算。

（2）预算的内容包括哪些

预算的内容主要包括经营预算、财务预算和专门预算。

经营预算是与企业日常经营活动有关的预算，主要包括销售预算、生产预算、直接材料预算、直接人工预算、制造费用预算、单位生产成本和期末存货预算、销售及管理费用预算。

财务预算是与企业现金收支、经营成果和财务状况有关的预算，主要包括现金收支预算、预计利润表、预计资产负债表。

专门预算是与企业的固定资产投资有关的预算，也称为资本支出预算。

预算的完整体系如图 4-6 所示。

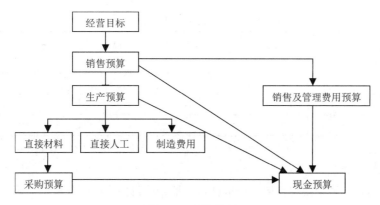

图 4-6 预算体系

管理工具

有了好的想法是出色完成工作的第一步，如果再能找到解决问题的工具，问题便能迎刃而解。这里向各位主管提供几个简便的管理工具。

1. 如果你是市场主管

（1）市场开拓

按照市场开发与市场准入规则，明确在表 4-5 中标识出各市场最早可能实现销售的起始时间，如图例所示。

表 4-5 市场准入最早时间

经营年度市场	1	2	3	4	5
本地	✓				
区域					
国内					
亚洲					
国际					

(2) 竞争状况分析

竞争状况分析包括竞争对手的调查分析和竞争产品的调查分析。竞争对手的调查分析包括竞争对手的数量、生产能力、生产方式、技术水平、产品的市场占有率、销售量及销售地区；竞争企业的价格政策、销售渠道、促销方式以及其竞争策略；竞争企业的地理位置、新产品开发情况等。

在"ERP沙盘模拟"课程中，您一定会关注：

➢ 各个市场上存在哪些对手，它们销售的是什么产品，占据了多大市场份额？

➢ 哪个市场存在机会？

表4-6提供了监控竞争对手的简单方法。

表4-6 竞争对手分析

本地市场	A	B	C	D	E	F
P1						
P2						
P3						
P4						

(3) 增长潜力分析

结合当年的企业经营状况，通过分析计算，把企业目前生产的几种产品标注在图4-7中。

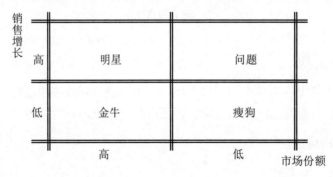

图4-7 波士顿矩阵

2. 如果你是销售主管

作为销售主管，你不但要对企业运营过程中的销售进行记录，还要对销售实现的数据进行详细分析。因此您需要学会以下几种技能。

(1) 利用"竞单表"表述你的营销方案

竞单表见附录E。

(2) 利用"订单登记表"管理客户订单

订单登记表见附录A。

(3) 利用"组间交易明细表"记录组间交易情况

组间交易明细表见附录 A。

(4) 广告投入产出效益分析

广告效益分析是评价广告投入产出效益的指标，其计算公式为

$$广告效益=订单销售额/总广告投入$$

广告效益分析用来比较各企业在广告投入上的差异。这个指标告诉经营者：本公司与竞争对手之间在广告投入策略上的差距，以警示营销总监深入分析市场和竞争对手，寻求节约成本、策略取胜的突破口。

图 4-8 中比较了第一年 A~F 六个企业的广告投入产出比。从中可以看出，E 企业每 1M 的广告投入为它带来 3.2M 的销售收入，因此广告投入产出比胜过其他企业。

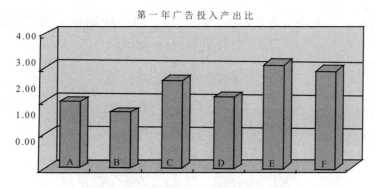

图 4-8　第一年各企业广告投入产出比

(5) 市场占有率分析

市场占有率是企业能力的一种体现，企业只有拥有了市场才有获得更多收益的机会。

市场占有率指标可以按销售数量统计，也可以按销售收入统计，这两个指标综合评定了企业在市场中销售产品的能力和获取利润的能力。分析可以在两个方向上展开，一是横向分析，二是纵向分析。横向分析是对同一期间各企业市场占有率的数据进行对比，用以确定某企业在本年度的市场地位。纵向分析是对同一企业不同年度市场占有率的数据进行对比，由此可以看到企业历年来市场占有率的变化，这也从一个侧面反映了企业成长的历程。

① 综合市场占有率分析

综合市场占有率是指某企业在某个市场上全部产品的销售数量(收入)与该市场全部企业全部产品的销售数量(收入)之比。从图 4-9 中可以看出，在该市场 A 企业因为拥有最大的市场份额而成为市场领导者。

$$某市场某企业的综合市场占有率=该企业在该市场上全部产品的销售数量(收入)/全部企业在该市场上各类产品总销售数量(收入)×100\%$$

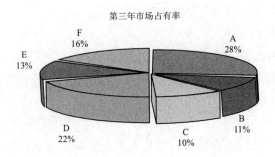

图4-9　综合市场占有率分析

② 产品市场占有率分析

了解企业在各个市场的占有率仅仅是第一步，进一步确知企业生产的各类产品在各个市场的占有率，对企业分析市场，确立竞争优势也是非常必要的。

某产品市场占有率＝该企业在市场中销售的该类产品总数量(收入)/市场中该类产品总销售数量(收入) × 100%

图4-10中显示了第三年P2产品各企业所占市场份额。

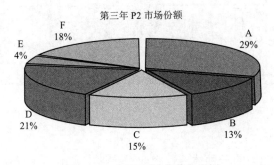

图4-10　产品市场占有率分析

3. 如果你是生产主管

(1) 产能计算

销售主管参加客户订货会之前，生产主管应正确计算企业的产能，并向销售主管提供可承诺量(ATP)数据。

当年某产品可接单量＝期初库存+本年产量+可能的外协加工数量

为了准确地计算产能，首先您要了解不同类型的生产线生产周期不同，年初在制品状态不同，本年能够完工的产品数量也不同，如表4-7所示。不要想当然哦！

表 4-7　生产线类型和年初在制品状态都影响年生产能力

生产线类型	年初在制品状态	各季度完成的生产 1　2　3　4	年生产能力
手工生产线 四种状态	○　○　○	□　□　□　■	1
	●　○　○	□　□　■　□	1
	○　●　○	□　■　□　□	1
	○　○　●	■　□　□　■	2
半自动线 三种状态	○　○	□　□　■　□	1
	●　○	□　□　■　■	2
	○　●	■　□　□　■	2
柔性/全自动生动线 两种状态	○	□　■　□　■	3
	●	■　■　■　■	4

要点提示

➤ 黑色图符表示在制品的位置或产品完工下线。

了解了以上产能计算的基础，很容易推演出用表格计算产能的方法，考虑到设备投资与产品生产的关联性，将它们合并在一个工具中进行表述。附录 A 中提供了 1~6 年产品生产和设备投资记录工具。附录 B 中提供了 1~6 年产品生产和设备投资计划编制工具。

(2) 开工计划和需要支付的人工费

产品的开工计划与产品生产计划是一体的，伴随产品开工会发生加工费用，为了清晰起见，我们将开工计划和需要支付的人工费综合反映在一个工具中。附录 A 中提供了 1~6 年开工计划和需要支付的加工费记录工具。附录 B 中提供了 1~6 年开工计划和需要支付的加工费计划编制工具。

4. 如果你是采购主管

生产计划确定之后，就可以相应地编制采购计划了。采购计划中要回答什么时候采购？采购什么？采购多少？什么时候采购取决于企业的开工计划和采购提前期，采购什么和采购多少与现有原料库存、BOM 结构有关。材料入库的同时还要向供应商付款，可以和采购计划一起预算，因此材料采购和付款与产品开工和需要支付的加工费一并考虑，见附录 A 和附录 B。

5. 如果你是财务主管

(1) 资金预算

利用资金预算表进行资金预算，测算何时会出现资金短缺，以便采取合理的融资方式进行融资，控制资金成本，保证企业运营的正常进行。现金预算表如表 4-8 所示。

表 4-8　现金预算表

	1	2	3	4
期初库存现金				
支付上年应交税				
营销费用				
贴现费用				
利息(短期贷款)				
支付到期短期贷款				
原料采购支付现金				
转产费用				
生产线投资				
支付加工费				
收到现金前的所有支出				
收到现金前的所有支出				
应收款到期				
产品研发投资				
支付行政管理费				
利息(长期贷款)				
支付到期长期贷款				
设备维护费用				
支付租金				
购买新建筑				
市场开拓投资				
ISO 认证投资				
其他				
库存现金余额				

(2) 融资管理

利用附录 C 进行借贷和还贷的记录。

(3) 财务分析

> 财务分析是以会计核算和报表资料及其他相关资料为依据，采用一系列专门的分析技术和方法，对企业等经济组织过去和现在有关筹资活动、投资活动、经营活动的偿债能力、盈利能力和营运能力状况等进行分析与评价，为企业的投资者、债权者、经营者及其他关心企业的组织和个人提供准确的信息。

财务分析的方法一般有比率分析、结构分析、比较分析、趋势分析。

比率分析是对财务报表内两个或两个以上项目之间的关系进行分析，它用相对数表示，又称为财务比率。这些比率可以揭示企业的财务状况及经营成果。比率分析是一种简单、方便、广为应用的分析方法，只要具有一个财政年度及以上的资产负债表和利润表，就能完整地分析一家公司的基本经营状况。

结构分析是把一张报表中的总合计作为分母，其他各项目作为分子，以求出每一项目在总合计中的百分比，如百分比资产负债表、百分比利润表。这种分析的作用是要发现异常项目。

比较分析是将本期报表数据与本企业预算或标杆企业或行业平均水平作对比，以找出实际与预算的差异或与先进企业的差距。比较分析的作用是要发现企业自身的问题。

趋势分析是将三个年度以上的数据，就相同的项目，做多年度高低走向的观察，以判断企业的发展趋向。

① 五力分析

近年来，人们常用五力分析来综合评价一个企业，五力包括收益力、成长力、安定力、活动力、生产力五方面。如果企业的上述五项能力处于优良水平，就说明企业的业绩优良。财务上讲求定量分析，用数字说话，下面我们把五力分析具体到可以量化的指标。

第一，收益力

收益力表明企业是否具有盈利的能力。对收益力可从以下 4 个指标入手进行定量分析，它们是毛利率、销售利润率、总资产收益率、净资产收益率。

➤ 毛利率

毛利率是经常使用的一个指标。在"ERP沙盘模拟"课程中，它的计算公式为

$$毛利率 = (销售收入 - 直接成本) / 销售收入$$

毛利率说明了什么问题呢？理论上讲，毛利率说明了每 1 元销售收入所产生的利润。更进一步思考，毛利率是获利的初步指标，但利润表反映的是企业所有产品的整体毛利率，不能反映每个产品对整体毛利的贡献，因此还应该按产品计算毛利率。

➤ 销售利润率

销售利润率是毛利率的延伸，是毛利减掉综合费用后的剩余。在"ERP沙盘模拟"课

程中，它的计算公式为

$$销售利润率=折旧前利润/销售收入=(毛利-综合费用)/销售收入$$

本指标代表了主营业务的实际利润，反映企业主业经营的好坏。两个企业可能在毛利率一样的情况下，最终的销售利润率不同，原因就是三项费用不同。

➢ 总资产收益率

总资产收益率是反映企业资产的盈利能力的指标，它包含了财务杠杆概念的指标，它的计算公式为

$$总资产收益率=息税前利润/资产合计$$

➢ 净资产收益率

净资产收益率反映投资者投入资金的最终获利能力，它的计算公式为

$$净资产收益率=净利润/所有者权益合计$$

这项指标是投资者最关心的指标之一，也是公司的总经理向公司董事会年终交卷时关注的指标。它涉及企业对负债的运用。根据负债的多少可以将经营者分为激进型、保守型。

负债与净资产收益率的关系是显而易见的。在总资产收益率相同时，负债的比率对净资产收益率有着放大和缩小的作用。例如，有 A、B 两公司，总资产相同，负债不同，假定负债年利率为 10%，所得税率 30%，比较计算相关指标如表 4-9 所示。

表4-9 总资产收益率相同负债不同的两个企业相关指标计算对比

企 业	总 资 产	息税前利润	总资产收益率	负 债	所有者权益	净 利 润	净资产收益率
A	100	20	20%	60	40	9.8	24.5%
B	100	20	20%	40	60	11.2	18.7%

第二，成长力

成长力表示企业是否具有成长的潜力，即持续盈利能力。

成长力指标由 3 个反映企业经营成果增长变化的指标组成：销售收入成长率、利润成长率和净资产成长率。

➢ 销售收入成长率

这是衡量产品销售收入增长的比率指标，以衡量经营业绩的提高程度，指标值越高越好。计算公式为

$$销售收入成长率=(本期销售收入-上期销售收入)/上期销售收入$$

> 利润成长率

这是衡量利润增长的比率指标，以衡量经营效果的提高程度，越高越好。计算公式为

$$利润成长率=[(本期(利息前)利润-上期(利息前)利润)]/上期(利息前)利润$$

> 净资产成长率

这是衡量净资产增长的比率指标，以衡量股东权益提高的程度。对于投资者来说，这个指标是非常重要的，它反映了净资产的增长速度，其公式为

$$净资产成长率=(本期净资产-上期净资产)/上期净资产$$

第三，安定力

这是衡量企业财务状况是否稳定，会不会有财务危机的指标，由4个指标构成，分别是流动比率、速动比率、固定资产适配率和资产负债率。

> 流动比率

流动比率的计算公式为

$$流动比率=流动资产/流动负债$$

这个指标体现企业偿还短期债务的能力。流动资产越多，短期债务越少，则流动比率越大，企业的短期偿债能力越强。一般情况下，运营周期、流动资产中的应收账款数额和存货的周转速度是影响流动比率的主要因素。

> 速动比率

速动比率比流动比率更能体现企业的偿还短期债务的能力。其公式为

$$速动比率=速动资产/流动负债=(流动资产-在制品-产成品-原材料)/流动负债$$

从公式中可以看出，在流动资产中，尚包括变现速度较慢且可能已贬值的存货，因此将流动资产扣除存货再与流动负债对比，以衡量企业的短期偿债能力。一般低于1的速动比率通常被认为是短期偿债能力偏低。影响速动比率的可信性的重要因素是应收账款的变现能力，账面上的应收账款不一定都能变现，也不一定非常可靠。

> 固定资产长期适配率

固定资产长期适配率的计算公式为

$$固定资产长期适配率=固定资产/(长期负债+所有者权益)$$

这个指标应该小于1，说明固定资产的购建应该使用还债压力较小的长期贷款和股东权益，这是因为固定资产建设周期长，且固化的资产不能马上变现。如果用短期贷款来购建固定资产，由于短期内不能实现产品销售而带来现金回笼，势必造成还款压力。

> 资产负债率

这是反映债权人提供的资本占全部资本的比例，该指标也被称为负债经营比率。其公

式为

$$资产负债率=负债/资产$$

负债比率越大，企业面临的财务风险越大，获取利润的能力也越强。如果企业资金不足，依靠欠债维持，导致资产负债率特别高，偿债风险就应该特别注意了。资产负债率在 60%~70%比较合理、稳健，当达到 85%及以上时，应视为发出预警信号，应引起企业足够的注意。

资产负债率指标不是绝对指标，需要根据企业本身的条件和市场情况判定。

第四，活动力

活动力是从企业资产的管理能力方面对企业的经营业绩进行评价的，主要包括 4 个指标：应收账款周转率、存货周转率、固定资产周转率和总资产周转率。

➢ 应收账款周转率(周转次数)

应收账款周转率是在指定的分析期间内应收账款转为现金的平均次数，指标越高越好。其公式为

$$应收账款周转率(周转次数)= 当期销售净额/当期平均应收账款$$
$$= 当期销售净额/[(期初应收账款+期末应收账款)/2]$$

应收账款周转率越高，说明其收回越快。反之，说明营运资金过多呆滞在应收账款上，影响正常资金周转及偿债能力。

周转率可以以年为单位计算，也可以以季、月、周为单位计算。

➢ 存货周转率

这是反映存货周转快慢的指标，它的计算公式为

$$存货周转率=当期销售成本/当期平均存货$$
$$=当期销售成本/[(期初存货余额+期末存货余额)/2]$$

从指标本身来说，销售成本越大，说明因为销售而转出的产品越多。销售利润率一定，赚的利润就越多。库存越小，周转率越大。

这个指标可以反映企业中采购、库存、生产、销售的衔接程度。衔接得好，原材料适合生产的需要，没有过量的原料；产成品(商品)适合销售的需要，没有积压。

➢ 固定资产周转率

固定资产周转率的计算公式为

$$固定资产周转率=当期销售净额/当期平均固定资产$$
$$=当期销售净额/[(期初固定资产余额+期末固定资产余额)/2]$$

如果是制造业和交通运输业，要计算固定资产周转率。这项指标的含义是固定资产占用的资金参加了几次经营周转，赚了几次钱，用以评价固定资产的利用效率，即产能是否充分发挥。资产周转率越高，企业资金周转越快，赚钱的速度越快，赚的钱就越多。

> 总资产周转率

总资产周转率指标用于衡量企业运用资产赚取利润的能力，经常和反映盈利能力的指标一起使用，以全面评价企业的盈利能力。其公式为

$$总资产周转率=当期销售收入/当期平均总资产$$
$$=销售收入/[(期初资产总额+期末资产总额)/2]$$

该项指标反映总资产的周转速度，周转越快，说明销售能力越强。企业可以采用薄利多销的方法，加速资产周转，带来利润绝对额的增加。

第五，生产力

生产力是衡量人力资源的产出能力的指标，可通过计算以下两个指标衡量。

$$人均利润=当期利润总额/当期平均职工人数$$
$$=当期利润总额/[(期初职工人数+期末职工人数)/2]$$

人均利润指标衡量人力投入与利润之间的关系。指标越大越好。

$$人均销售收入=当期销售净额/当期平均职工人数$$
$$=当期销售净额/[(期初职工人数+期末职工人数)/2]$$

人均销售收入指标衡量人力投入与销售收入之间的关系。指标数值越大越好。

生产力指标旨在说明：企业规模扩大，员工数量增加，增加的这些员工生产是否有效率。

经营业绩的综合评价主要目的是与行业或特定的对手相比，发现自己的差距，以便在日后的经营中加以改进。在模拟训练中，一般参加训练的多个公司是同一个行业，所进行的分析可以理解为同行业中的对比分析，以发现自己公司与行业的平均水平之间的差别。

计算出了企业的各项经营比率后，各项单个的数据给人的印象是散乱的，我们无法判断企业整体的经营在同行业中处于一种什么样的位置。而通过图表可以清晰地反映出数据的各种特征，雷达图是专门用来进行多指标体系分析的专业图表。

雷达图通常由一组坐标轴和三个同心圆构成。每个坐标轴代表一个指标。同心圆中最小的圆表示最差水平或是平均水平的 1/2；中间的圆表示标准水平或是平均水平；最大的圆表示最佳水平或是平均水平的 1.5 倍。其中中间的圆与外圆之间的区域称为标准区，如图 4-11 所示。在雷达图上，企业的各项经营指标比率分别标在相应的坐标轴上，并用线段将各坐标轴上的点连接起来。图中坐标 1 值为行业的平均值，如果某项指标位于平均线以内，说明该指标有待改进；而对于接近甚至低于最小圆的指标，则是危险信号，应分析原因，抓紧改进；如果某项指标高于平均线，说明该企业在相应方面具有优势。各种指标越接近外圆越好。

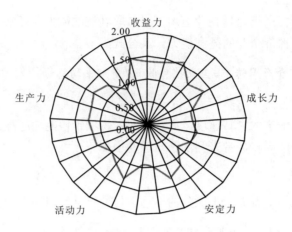

图 4-11　企业能力雷达图

② 杜邦分析

财务管理是企业经营管理的核心之一，而如何实现股东财富最大化或公司价值最大化是财务管理的中心目标。任何一个公司的生存与发展都依赖于该公司能否创造价值。出于向投资者(股东)揭示经营成果和提高经营管理水平的需要，他们需要一套实用、有效的财务指标体系，以便据此评价和判断企业的经营绩效、经营风险、财务状况、获利能力和经营成果。杜邦财务分析体系就是一种比较实用的财务比率分析体系。这种分析方法最早由美国杜邦公司使用，故名杜邦分析法。

杜邦分析法利用几种主要的财务比率之间的关系来综合地分析企业的财务状况，用来评价公司盈利能力和股东权益回报水平。它的基本思想是将企业净资产收益率(ROE)逐级分解为多项财务比率乘积，这样有助于深入分析比较企业经营业绩。

如图 4-12 所示，杜邦分析图解告诉我们，净资产收益率是杜邦分析的核心指标。这是因为，任何一个投资人投资某一特定企业，其目的都在于希望该企业能给他带来更多的回报，因此，投资人最关心这个指标。同时，这个指标也是企业管理者制订各项财务决策的重要参考依据。通过杜邦分析，将影响这个指标的三个因素从幕后推向前台，使我们能够目睹它们的庐山真面目。所以在分析净资产收益率时，就应该从构成该指标的三个因素的分析入手。

为了找出销售利润率及总资产周转率水平高低的原因，可将其分解为财务报表有关项目，从而进一步发现问题产生的原因。销售利润率及总资产周转率与财务报表有关项目之间的关系可从杜邦分析图中一目了然。有了这张图，可以非常直观地发现是哪些项目影响了销售利润率，或者是哪个资产项目扯了总资产周转率的后腿。

总资产收益率水平高低的原因可类似进行指标分解。总资产收益率低的原因可能在于销售利润较低，也可能在于总资产周转率较低。如果属于前一种情况，则需要在开源节流方面挖掘潜力；倘若属于后一种情况，则需要提高资产的利用效率，减少资金闲置，加速资金周转。

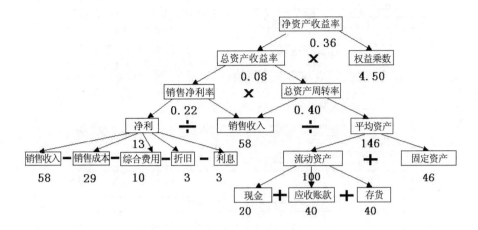

图 4-12 杜邦分析图解

权益乘数反映企业的负债能力。这个指标越高，说明企业资产总额中的大部分是通过负债形成的，这样的企业将会面临较高的财务风险。而这个指标低，说明企业的财务政策比较稳健，负债较少，风险也小，但获得超额收益的机会也不会很多。

杜邦分析既涉及企业获利能力方面的指标(净资产收益率、销售利润率)，又涉及营运能力方面的指标(总资产周转率)，同时还涉及举债能力指标(权益乘数)，可以说杜邦分析法是一个三位一体的财务分析方法。

(4) 成本分析

企业经营的本质是获取利润，获取利润的途径是扩大销售或降低成本。企业成本由多项费用要素构成，了解各费用要素在总体成本中所占的比例，分析成本结构，从比例较高的那些费用支出项入手，是控制费用的有效方法。

在"ERP沙盘模拟"课程中，从销售收入中扣除直接成本、综合费用、折旧、利息后得到税前利润。明确各项费用在销售收入中的比例，可以清晰地指明工作方向。费用比例计算公式为

$$费用比例=费用/销售收入$$

如果将各费用比例相加，再与 1 相比，则可以看出总费用占销售比例的多少。如果超过 1，则说明支出大于收入，企业亏损，并可以直观地看出亏损的程度，如图 4-13 所示。

要点提示

> 经营费由经常性费用组成，即扣除开发费用之外的所有经营性支出，按下式计算：
> $$经营费=设备维修费+场地租金+转产费+其他费用$$

如果将企业各年成本费用变化情况进行综合分析，就可以通过比例变化透视企业的经营状况，如图 4-14 所示。

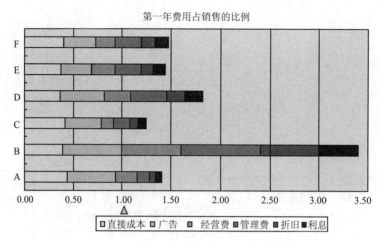

图 4-13　各企业第一年费用占销售的比例

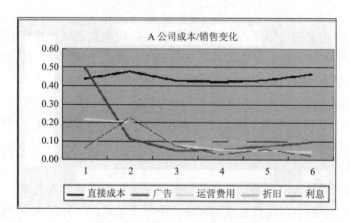

图 4-14　成本费用比例的变化

(5) 产品盈利分析

企业经营的成果可以从利润表中看到，但财务反映的损益情况是公司经营的综合情况，并没有反映具体业务、具体合同、具体产品、具体项目等明细项目的盈利情况。盈利分析就是对企业销售的所有产品和服务分项进行盈利细化核算，核算的基本公式为

单产品盈利=某产品销售收入−该产品直接成本−分摊给该产品的费用

这是一项非常重要的分析，它可以告诉企业经营者哪些产品是赚钱的，哪些产品是不赚钱的。

在这个公式中，分摊费用是指不能够直接认定到产品(服务)上的间接费用，如广告费、管理费、维修费、租金、开发费等，都不能直接认定到某一个产品(服务)上，需要在当年的产品中进行分摊。分摊费用的方法有许多种，传统的方法有按收入比例、成本比例等进行分摊，这些传统的方法多是一些不精确的方法，很难谈上合理。本课程中的费用分摊是按照产品数量进行的分摊，即

某类产品分摊的费用=分摊费用/各类产品销售数量总和×某类产品销售的数量

按照这样的计算方法得出各类产品的分摊费用，根据盈利分析公式，计算出各类产品的贡献利润，再用利润率来表示对整个公司的利润贡献度，即

某类产品的贡献利润/该类产品的销售收入=

(某类产品的销售收入−直接成本 − 分摊给该类产品的分摊费用)/该类产品的销售收入

其结果以图 4-15 所示的产品贡献利润和图 4-16 所示的产品利润率所表示。

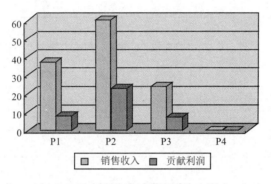

图 4-15　产品贡献利润

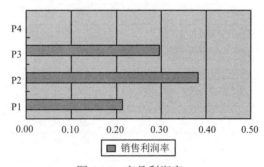

图 4-16　产品利润率

尽管分摊的方法有一定的偏差，但分析的结果可以说明哪些产品是赚钱的产品，值得企业大力发展，哪些产品赚得少或根本不赚钱。企业的经营者可以对这些产品进行更加仔细的分析，以确定企业发展的方向。

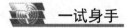 一试身手

"学以致用"是学习的基本目标。通过两天的课程，你学到了不少知识，但立足企业、面向本岗位、将知识付诸行动，才是教育的根本目的所在。

请结合本岗位工作提出改进工作的思路，并提出具体的行动计划。

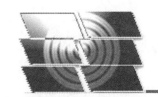

项目五
笨笨公司的信息化之路

实训目标

➢ 了解企业信息化的实施过程

➢ 学会如何根据企业需求设计信息化解决方案

➢ 掌握利用信息化管理工具管理企业业务的方法

➢ 体验信息化给企业的管理模式、业务流程、决策行为带来的影响

➢ 理解信息化的意义及给企业管理带来的价值

任务描述

经过六年的企业经营模拟，大家已经对模拟企业(以下昵称"笨笨公司")的企业运作、企业组织设置、管理体系和业务流程有了清晰的认识，对企业经营管理中经常出现的问题有了一定的认知，管理层已经清醒地意识到在信息化飞速发展的今天，必须借助先进的管理工具对企业资源进行精细管理才能提升管理水平，进而提升企业竞争力。

接下来，笨笨公司管理层迅速组织了信息化小组，总经理亲自挂帅，各业务主管作为关键成员亲历企业信息化实施的全过程。

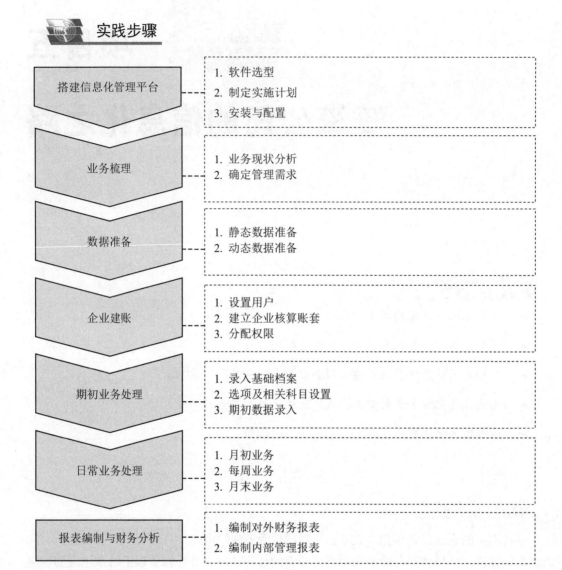

实践步骤

搭建信息化管理平台	1. 软件选型 2. 制定实施计划 3. 安装与配置
业务梳理	1. 业务现状分析 2. 确定管理需求
数据准备	1. 静态数据准备 2. 动态数据准备
企业建账	1. 设置用户 2. 建立企业核算账套 3. 分配权限
期初业务处理	1. 录入基础档案 2. 选项及相关科目设置 3. 期初数据录入
日常业务处理	1. 月初业务 2. 每周业务 3. 月末业务
报表编制与财务分析	1. 编制对外财务报表 2. 编制内部管理报表

任务一　搭建信息化管理平台

　　企业信息化建设是一个系统工程，其所需的软硬件投资是比较大的；而企业管理能力的提升一定是渐进的，不是一蹴而就的。为了有效控制投资风险，笨笨公司信息化小组拟采取"总体规划、分步实施"的原则，制定企业信息化五年规划。第一年实现财务业务同步管理；第三年建立企业的计划管理体系；第五年实现企业的整体信息化管理，逐级推进信息化进程。

1. 软件选型

本着实用、可靠的原则，信息化小组选择了亚太地区最大的企业管理软件和服务提供商用友软件股份有限公司的 ERP-U8 V8.72 版(以下简称 U8)作为信息化管理平台。根据企业的管理需求，确定选购了 U8 财务中的总账管理、UFO 报表、固定资产管理、应收款管理、应付款管理和供应链管理中的采购管理、销售管理、库存管理、存货核算共 9 个子系统，以实现购销存业务管理、会计核算和财务管理的一体化，达成财务业务同步管理的基本目标。

2. 制定实施计划

笨笨公司信息化小组即现任领导团队年轻化、在学期间学习过用友 U8 相关产品的应用，因此，他们聘请了一位用友的资深顾问为团队进行了针对企业信息化实施的培训，认真地学习了实施方法论。实施方法论把项目的实施过程划分为若干阶段，每个阶段有明确的目标、工作任务、工作策略和工作成果，便于对项目总体进程的把握，确保项目成功。

按照实施方法论的指引，项目小组把笨笨公司实施过程划分为"业务梳理-数据准备-企业建账-期初业务处理-日常业务处理-报表编制与财务分析"几个阶段，制定了严格的时间表和负责人。

3. 安装与配置

用友 U8 是 C/S 架构的企业管理软件，采用数据服务器-应用服务器-客户端三层架构设计，以 SQL Server 为数据库管理系统。笨笨公司配置了专门的服务器，来安装数据服务端和应用服务端，各部门的计算机作为客户端。

执行"用友 ERP-U872"|"系统服务"|"应用服务器配置"命令，打开"U8 应用服务器配置工具"对话框，在此可以进行应用服务器的设置。当用户从企业应用平台登录 U8 时，在"登录到"下拉列表框中显示的就是连接到的应用服务器，如图 5-1 所示。

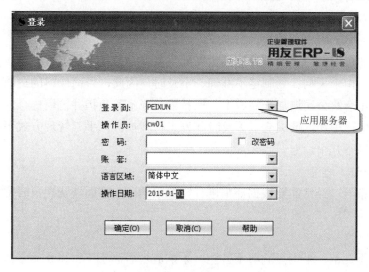

图 5-1 客户端和应用服务器的连接

任务二　业务梳理

笨笨公司项目实施组成员对公司自身的基本情况、组织架构、业务流程非常熟悉，因此只需要对企业业务现状进行分析并确定哪些问题需要通过信息化手段解决即可。

1. 业务现状分析

(1) 销售管理方面

笨笨公司每个经营周期均需要参加客户订货会，争取客户订单，然后根据订单需求、产能情况安排生产、采购及委外业务的运作，从而保证在既定的时间内生产出客户满意的产品，在满足市场需求的同时为企业自身创造价值。如果企业不能按照客户要求的交货期交付产品，则要承受相应的延迟交货罚款，给企业带来信誉上和财务上的双重损失。手工管理方式下，销售业务存在以下三个主要问题。

① 交货延迟现象时有发生。

由于生产计划、采购计划不能与销售计划快速实现平衡，所以，经常发生延期交货现象，客户满意度下降。

② 无法准确掌握可承诺量。

由于销售部门不能及时获得企业产能状况、原料采购状况等信息，因此在承接客户订单时无法掌握企业在未来一段时期内可以承接的订单量，继而无法准确接单。

③ 难以掌控销售订单执行状况，对于销售人员业绩缺乏有效的考核手段。

(2) 库存管理方面

笨笨公司设原料库和产成品库两个仓库。手工管理方式下困扰库管部门的主要问题如下。

① 出入库工作效率低、出错率高。

② 账实常常不符，原因难以查找。

(3) 采购管理方面

笨笨公司的供应部门主要是为产品生产提供原料，其任务是保证生产供应的及时，同时降低库存量。由于采购计划制定不准确、不及时，因此，目前原料的短缺与库存积压并存。库存的积压会给公司增加仓储成本、原料损耗成本等负担并占用资金，原料的短缺会直接导致企业生产中断，造成交货不及时和停工待料损失。手工管理方式下困扰采购部门的问题主要有以下几个。

① 不能适时、适量。

缺乏计划指导，经常需要根据订单进行紧急采购，一方面缺货现象时常发生，另一方面部分原料严重积压。

② 不能适价、适质。

采购业务不规范，采购黑洞防不胜防；采购成本居高不下；供货质量难以保证。

③ 对供应商没有进行规范管理。

供应商资料散落在业务员手中，不利于信息透明、公开。不了解供应商催交货款的账期、账龄、付款条件和付款方式，就不能有效利用有限的采购资金。

(4) 财务管理方面

① 出纳工作强度大，出错概率高。

② 没有摆脱事后记账、算账、报账，不能实现对业务的监控。

③ 不能精确分析和有效控制成本。

④ 无法准确预测资金收支情况。

⑤ 财务提供的财务分析报告不宜阅读和理解，分析不全面，不成体系。

2. 确定管理需求

不是所有的业务问题都要通过信息化手段解决；不是所有的问题都要在同一时间解决。经过项目小组的慎重讨论，确定了在本次信息化实施中主要解决以下问题。

(1) 销售管理

① 加强销售统计分析功能。

要求对销售情况分产品、分区域、分销售员进行统计，一方面了解细分市场和细分产品的销售及盈利情况，具体要求如表 5-1、表 5-2 所示；另一方面为销售员业绩考核提供有效的考核手段。

表 5-1　订单登记表

订单号						
市场						
产品						
数量						
账期						
销售额						
成本						
毛利						

表 5-2　产品核算统计表

	P1	P2	P3	P4	合计
数量					
销售额					
成本					
毛利					

② 加强客户应收款管理。

进行有效的信用管理；及时了解客户的应收款情况，并进行催款。

(2) 库存管理

① 与采购管理、销售管理集成，对每个仓库的出入库情况进行准确的记录。

② 通过定期盘点核查企业资产，保证资产安全；提高库存周转率，减少资金占用。

③ 通过预警设置，多层次的库存控制，防止库存积压和短缺。

(3) 采购管理

① 及时了解原料的现存量、在途量等信息，为采购计划编制提供依据。

② 加强对供应商的管理，保证适时、适量、适价、适质。

(4) 财务管理

① 建立自动化财务核算管理，提高工作效率。

② 进行资金赤字控制，避免资金透支，严格资金管理。

③ 按时报表，开展多纬度财务分析。

④ 提供费用明细数据，严格各项费用管理，费用明细表如表5-3所示。

表 5-3　费用明细表

项　目	金　额	备　注
管理费		
广告费		
维护费		
租　金		
转产费		
市场准入开拓		□国内　　　□亚洲　　　□国际
ISO 认证		□ISO9000　　　□ISO14000
产品研发		P2(　　) P3(　　) P4(　　)
其　他		
合　计		

任务三　数据准备

企业基础数据按稳定性分为两类：静态数据和动态数据。静态数据是指一段时间内数据内容不会随日常经济业务的发生而轻易改变的数据，如客户信息、供应商信息、存货信息、科目信息等；动态数据是指随企业日常经济业务的发生随时发生变化的数据，如各科目的余额、存货库存信息等。划分静态数据和动态数据的意义在于可以合理安排时间，静态数据可于解决方案确定后立即布置准备，动态数据必须于系统上线前才能确定。

1. 静态数据准备

(1) 部门档案

笨笨公司部门档案整理如表 5-4 所示。

表 5-4　部门档案

部 门 编 码	部 门 名 称
1	企管办
2	财务部
3	采购部
4	销售部
5	生产部

(2) 人员档案

笨笨公司人员档案整理如表 5-5 所示。

表 5-5　人员档案

人 员 编 号	人 员 名 称	行 政 部 门	人 员 类 别	是否业务员
1001	总经理	企管办	在职人员	是
2001	财务经理	财务部	在职人员	是
2002	会计	财务部	在职人员	是
2003	出纳员	财务部	在职人员	是
3001	采购经理	采购部	在职人员	是
4001	销售经理	销售部	在职人员	是
5001	生产经理	生产部	在职人员	是

(3) 客户分类

笨笨公司将客户分为两类：普通客户和同行客户，如表 5-6 所示。普通客户即外部客户，在《ERP 沙盘模拟》课程中由指导教师充任；同行客户即现场除本企业之外的其他几个企业，用于明确在企业运营过程中可能会发生的组间交易情况。

表 5-6　客户分类

分 类 编 码	分 类 名 称
01	普通客户
02	同行客户

供应商分类同客户分类。

(4) 客户档案

假设本企业为 F 企业，整理客户档案如表 5-7 所示。

表 5-7   客户档案

客户编号	客户名称	所属分类码	分管部门名称	专营业务员名称
01001	本地客户	01	销售部	销售经理
01002	区域客户	01	销售部	销售经理
01003	国内客户	01	销售部	销售经理
01004	亚洲客户	01	销售部	销售经理
01005	国际客户	01	销售部	销售经理
02001	A 企业	02	销售部	销售经理
02002	B 企业	02	销售部	销售经理
02003	C 企业	02	销售部	销售经理
02004	D 企业	02	销售部	销售经理
02005	E 企业	02	销售部	销售经理

要点提示

➢ 指定客户的分管部门和专管业务员才能实现按部门或业务员进行销售业绩统计和分析。

(5) 供应商档案

假设本企业为 F 企业，整理供应商档案如表 5-8 所示。

表 5-8   供应商档案

供应商编号	供应商名称	所属分类码	分管部门名称	专营业务员名称
01001	原材料供应商	01	采购部	采购经理
02001	A 企业	02	采购部	采购经理
02002	B 企业	02	采购部	采购经理
02003	C 企业	02	采购部	采购经理
02004	D 企业	02	采购部	采购经理
02005	E 企业	02	供应部	采购经理

(6) 存货分类

本企业存货分为两类，如表 5-9 所示。

表 5-9   存货分类

存货分类编号	存货分类名称
01	原材料
02	产成品

(7) 计量单位

本企业统一使用一种计量单位：个。

先建立计量单位组：编码 01；名称为"无换算"；类别为"无换算率"。

在其中再建立计量单位：编码 01；名称为"个"。

(8) 存货档案

笨笨公司存货档案如表 5-10 所示。

表 5-10 存货档案

存货编号	存货名称	所属分类	计量单位	进项税/销项税	存货属性
01001	R1	原材料	个	0	内销、外销、外购、生产耗用
01002	R2	原材料	个	0	内销、外销、外购、生产耗用
01003	R3	原材料	个	0	内销、外销、外购、生产耗用
01004	R4	原材料	个	0	内销、外销、外购、生产耗用
02001	P1	产成品	个	0	内销、外销、外购、自制
02002	P2	产成品	个	0	内销、外销、外购、自制
02003	P3	产成品	个	0	内销、外销、外购、自制
02004	P4	产成品	个	0	内销、外销、外购、自制

要点提示

➢ 由于"ERP 沙盘模拟"课程中只考虑所得税，所以税金科目设置为 0。

(9) 凭证类别

设置"记账凭证"。

(10) 会计科目

笨笨公司采用 2007 年新会计制度科目进行核算，根据公司的核算要求对如下科目进行了明细设置，如表 5-11 所示。

表 5-11 会计科目

类型	级次	科目编码	科目名称	辅助账类型
资产	1	1122	应收账款	客户往来
负债	1	2202	应付账款	供应商往来
权益	1	4104	利润分配	
权益	2	410415	未分配利润	
成本	1	5001	生产成本	
成本	2	500101	材料费	项目核算
成本	3	50010101	人工费	项目核算
损益	1	6001	主营业务收入	项目核算
损益	1	6401	主营业务成本	项目核算
损益	1	6601	销售费用	
损益	2	660101	广告费	项目核算
损益	2	660102	市场开拓费	

(续表)

类 型	级次	科目编码	科 目 名 称	辅助账类型
损益	3	66010201	区域市场	
损益	3	66010202	国内市场	
损益	3	66010203	亚洲市场	
损益	3	66010204	国际市场	
损益	1	6602	管理费用	
损益	2	660201	行政管理费	
损益	2	660202	租金	
损益	2	660203	设备维护费	
损益	2	660204	折旧费	
损益	2	660205	研发费	项目核算
损益	2	660206	ISO 认证费	
损益	3	66020601	ISO9000	
损益	3	66020602	ISO14000	
损益	2	660207	转产费用	
损益	2	660208	罚款	项目核算
损益	2	660299	其他	
损益	1	6603	财务费用	
损益	2	660301	利息支出	
损益	3	66030101	长期贷款利息支出	
损益	3	66030102	短期贷款利息支出	
损益	2	660302	利息收入	

要点提示

➢ 在进行科目设置时，同时应完成指定科目的设置，包括指定"现金总账科目"、"银行总账科目"和"现金流量科目"。

(11) 项目档案

笨笨公司要求对所生产的 P 系列产品进行独立的产品盈亏核算，因此需要按产品建立存货核算项目档案。设置操作如图 5-2 所示。

要点提示

➢ 设置完成项目大类后，需要将所有项目核算科目指定为该项目大类的核算科目。

(12) 结算方式

"ERP 沙盘模拟"课程中只存在一种结算方式，就是"现金"结算。

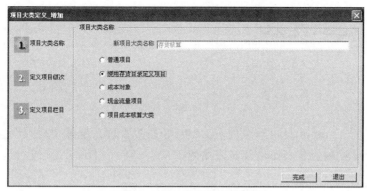

图 5-2　存货核算项目大类设置

(13) 仓库档案

笨笨公司仓库档案如表 5-12 所示。

表 5-12　仓库档案

仓库编码	仓库名称	计价方法
1	原料库	先进先出
2	产成品库	先进先出

(14) 收发类别

笨笨公司的收发类别设置如表 5-13 所示。

表 5-13　收发类别档案

收发类别编码	收发类别名称	收发标志
1	入库	收
11	采购入库	收
12	产成品入库	收
2	出库	发
21	销售出库	发
22	材料领用出库	发

(15) 采购类型/销售类型

笨笨公司的采购类型和销售类型都很简单，没有划分得很详细，所以在软件中只设置了"普通采购"类型和"普通销售"类型。

2. 动态数据准备

动态数据主要指期初余额，包括各明细科目的期初余额、各种存货的结存数及往来未达账项等。

任务四　企业建账

1. 增加用户

以系统管理员(Admin)身份登录用友 ERP-U8 系统管理。选择"权限"|"用户"命令，按表 5-14 所示设置本企业操作员及对应角色。

表 5-14　用户及权限设置

操作员编号	操作员姓名	角色	赋权
001	总经理	账套主管	
002	财务经理	账套主管、财务总监	
003	会计	会计主管	
004	出纳员	出纳	出纳签字
005	采购经理	采购主管	
006	销售经理	销售主管	
007	生产经理	仓库主管	

要点提示

➤ 表 5-14 中的操作员姓名可换作实训者的真实姓名。

➤ 为用户赋权在建立企业账套之后进行。

2. 建立企业核算账套

以系统管理员(Admin)身份登录用友 U8 系统管理，选择"账套"|"建立"命令。参照以下提示信息建立企业核算账套。

账套启用会计期：2015-01

企业类型：工业

行业性质：2007 年新会计制度科目

账套主管：财务经理

分类：存货、客户、供应商

编码方案：科目编码级次 4-2-2；其他采取系统默认。

数据精度：默认。

要点提示

➤ 建立账套日期、行业性质一旦选定，建账完成，不能修改。

3. 设置用户权限

以系统管理员(Admin)身份登录用友 ERP-U8 系统管理，选择"权限"|"权限"命令，为各个用户赋权。

4. 系统启用

由账套主管"财务经理"进入企业应用平台，选择"基础设置"|"基本信息"|"系统启用"命令。启用总账、应收款管理、应付款管理、固定资产、销售管理、采购管理、库存管理、存货核算(报表不需启用)，启用日期为 2015-01-01。

任务五 期初业务处理

1. 录入基础档案

由账套主管在企业应用平台中，选择"基础设置"|"基础档案"命令，录入任务三中准备的各项静态档案数据。

2. 应收应付期初设置及期初余额录入

(1) 应收应付期初设置

应收应付模块进行的期初设置主要是完成基本科目及结算方式科目的设置，这样有利于在应收应付模块中进行日常业务处理生成凭证时可以自动选择归集的入账科目。

在应收/应付款管理系统中，选择"设置"|"初始设置"|"设置科目"|"基本科目设置"命令。

应付款管理模块的设置科目内容为：

　　基本科目：应付科目　2202

　　　　　　　采购科目　1401

应收款管理模块的设置科目内容为：

　　基本科目：应收科目　1122

　　　　　　　销售收入科目　6001

在结算方式科目设置中，设置结算方式为"现金结算"；币种"人民币"；科目"1001"。

(2) 应收款的期初录入

笨笨公司的期初应收款为本地客户应收账款，金额 1500 万，应付款无期初。

在应收款管理系统中，选择"设置"|"期初余额"命令，增加一张期初应收单。

3. 总账期初设置及期初余额录入

总账期初内容如表 5-15 所示。

要点提示

➢ 本项目信息化业务原型为沙盘企业起始年。

➢ 为简约起见，本教程中金额单位均为百万元。

表 5-15 总账期初明细表

科目名称	方向	期初余额
库存现金(1001)	借	20
应收账款(1122)	借	15
原材料(1403)	借	3
库存商品(1405)	借	6
固定资产(1601)	借	63
累计折旧(1602)	贷	10
应交税费(2221)	贷	1
长期借款(2501)	贷	40
实收资本(或股本)(4001)	贷	50
利润分配(4104)	贷	14
未分配利润(410415)	贷	14
生产成本(5001)	借	8
材料费(500101)	借	4
人工费(500102)	借	4

录入总账期初余额时应注意如下几点。

(1) 末级科目直接录入具体余额。

(2) 带辅助核算的科目应双击进入辅助账期初余额录入界面，以材料费(500101)科目的期初录入为例。

在总账系统中，选择"设置"|"期初余额"命令，双击"材料费(500101)"科目期初余额，进入如图 5-3 所示界面。

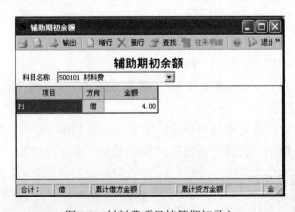

图 5-3 材料费项目核算期初录入

(3) 总账中"应收账款(1122)"科目期初余额通过从"应收账款管理"模块中引入期初余额明细实现("应付账款"科目如果也有期初余额，操作方法同理)。

在总账系统中，选择"设置"|"期初余额"命令，双击"应收账款(1122)"科目期初余额，进入如图 5-4 所示界面。

图 5-4　应收账款期初引入

(4) 总账期初录入完成之后，进行试算平衡。

4. 固定资产初始设置及期初余额录入

(1) 固定资产系统初始化

主要折旧方法：平均年限法。

固定资产编码方式：类别编号+序号；序号长度 3。

(2) 部门对应折旧科目设置

生产部：660204　管理费用/折旧费。

(3) 固定资产类别设置

笨笨公司的固定资产分为两类："厂房"及"机器设备"。

(4) 固定资产增减方式对应科目设置

固定资产增减方式对应入账科目设置是为了方便在处理固定资产增减业务后生成凭证时能自动带出相应的入账科目。常用的入账科目如下。

直接购入：　　　　库存现金　　(1001)

在建工程转入：　　在建工程　　(1604)

出售：　　　　　　固定资产清理　(1606)

(5) 固定资产期初余额录入

固定资产期初明细，如表 5-16 所示。

表 5-16　固定资产期初余额明细表

固定资产编号	固定资产名称	开始使用日期	使用年限(月)	原值	累计折旧	净值	项目	折旧方法
01001	大厂房	2013.10.01	600	40.00	0.00	40.00		不提折旧
02001	手工生产线	2013.10.01	120	5.00	2.00	3.00	P1	
02002	手工生产线	2013.10.01	120	5.00	2.00	3.00	P1	
02003	手工生产线	2013.10.01	120	5.00	2.00	3.00	P1	
02004	半自动生产线	2013.10.01	120	8.00	4.00	4.00	P1	
合计:				63.00	10.00	53.00		

以上所有资产的使用部门均为生产部。

在固定资产系统中，选择"卡片"|"录入原始卡片"命令，以生产线期初录入为例，如图 5-5 所示。

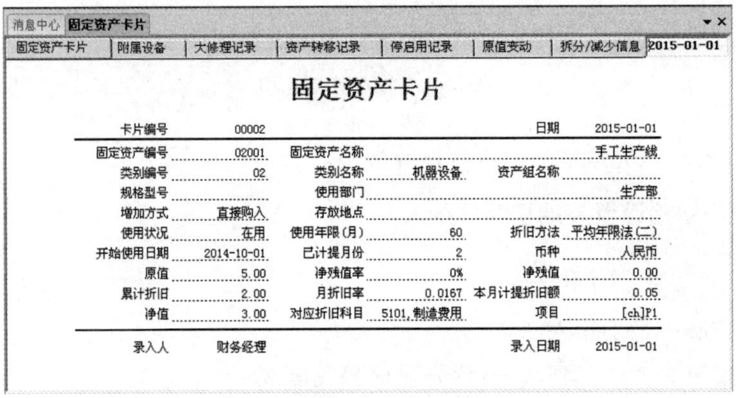

图 5-5　固定资产生产线期初录入

(6) 固定资产期初与总账对账

固定资产期初明细录入完成后应与总账中固定资产总额进行对账，确保总账、明细账一致。软件中能够实现自动对账的功能。

在固定资产系统中，选择"处理"|"对账"命令。

技　巧

固定资产卡片复制

在录入固定资产卡片时，如果有多个相同的固定资产录入，如笨笨公司中多条手工生产线的录入，需要录入多张固定资产卡片，这些固定资产卡片整体内容相同，只是某些细节不同，如卡片编号或所属部门等。这时可以通过卡片复制功能先将卡片批量录入，之后再做具体修改，这样可以提高卡片录入效率。卡片复制的功能适用于原始卡片的录入，也适用于新增固定资产的录入。具体操作方法如下。

(1) 前提：已先单独录入一张需要复制的固定资产卡片。

(2) 路径：在固定资产系统中，选择"卡片"|"卡片管理"命令。

先在"卡片管理"里找到需要复制的固定资产卡片，双击进入卡片的详细内容界面，单击鼠标右键，从快捷菜单中选择"复制"命令。

5. 采购初始设置及期初余额录入

(1) 采购期初余额录入

采购期初录入包括期初采购订单、期初采购到货单、期初采购入库单(暂估入库的期初)、期初采购发票(采购在途的期初)的录入。

笨笨公司的采购期初是有两个 R1 的订单，订货日期 2014-12-10。

在采购管理系统中，选择"采购订货"|"采购订单"命令。

(2) 采购期初记账

采购期初记账是在完成采购期初的录入工作后，对期初数据进行记账。这是采购模块初始化工作的必做内容。只有完成采购期初记账，才能进行后续的采购日常业务处理。

在采购管理系统中，选择"设置"|"采购期初记账"命令。

6. 存货核算初始设置及期初余额录入

(1) 科目设置

存货核算模块相关科目设置是为了在存货管理模块对出入库业务进行记账后、生成凭证时能自动带出所需入账科目，方便业务处理。主要内容包括存货科目设置及对方科目设置。

在存货核算系统中，选择"初始设置"|"科目设置"|"存货科目"和"对方科目"命令。如图 5-6 和图 5-7 所示。

仓库编码	仓库名称	存货分类编码	存货分类名称	存货编码	存货名称	存货科目编码	存货科目名称
1	原料库					1403	原材料
2	产成品库					1405	库存商品

图 5-6 存货科目设置

收发类别编码	收发类别名称	存货分类编码	存货分类名称	存货编码	存货名称	对方科目编码	对方科目名称	暂估
11	采购入库					1401	材料采购	
12	产成品入库					500101	材料费	
21	销售出库					6401	主营业务成本	
22	材料领用出库					500101	材料费	

图 5-7 对方科目设置

要点提示

➢ "产成品入库"类别的对方科目应为"材料费(510101)"和"人工费(510102)",在此仅设一个科目为对方科目,在生成相应凭证时再重新调整。

(2) 存货核算期初录入

存货核算期初整理如表 5-17 所示。

表 5-17 存货核算期初

仓 库	存货名称	数 量	单 价	金 额
原料库	R1	3	1	3
产成品库	P1	3	2	6

在存货核算系统中,选择"初始设置"|"期初数据"|"期初余额"命令,分仓库录入期初库存数,各仓库期初数据录入完成之后进行期初记账。

(3) 存货期初明细与总账对账

由于总账中没有数量信息,对账内容只进行金额检查,不需要进行数量检查。

在存货核算系统中,选择"财务核算"|"与总账对账"命令。

7. 库存初始设置及期初余额录入

(1) 库存期初录入

由于笨笨公司库存管理模块与存货核算模块都为 2015 年 1 月份启用,因此期初数据一致,所以库存管理中不需再重新录入期初数据,只需把存货核算模块中的期初数据取过来就可以。软件中设置了相应的取数操作,就是为了实现这一需要。

在库存管理系统中,选择"初始设置"|"期初结存"命令,单击"修改"按钮,再单击"取数"按钮,然后单击"保存"按钮。

(2) 库存期初数据审核

对账正确后,对库存期初按仓库进行批审,确认所录数据无误。

8. 销售初始设置及期初余额录入

笨笨公司的销售业务处理即时性强,一旦交货给客户就会收到应收账款或现金,因此建议采用开票(销售发票)即发货的销售业务模式:参照销售订单生成销售发票,由销售发票生成销售发货单,并由发货单审核生成销售出库单。这样可减少录入工作,快速完成销售业务处理。这种处理方式就对销售的初始设置提出了一个要求。在销售管理系统中,选择"设置"|"销售选项"命令,在"业务控制"选项卡中选中"销售生成出库单"。

任务六　日常业务处理

1. 月初业务处理

月初主要工作内容如表 5-18 所示。

表 5-18　月初工作内容

笨笨公司月初业务	U8 软件业务处理提示
新年度规划会议	无
参加订货会 支付广告费 登记销售订单	 在总账中录入支付广告费凭证 在销售管理中录入销售订单并审核
制定新年度计划	无
支付应付税	在总账中录入支付应付税凭证

以下仅对部分业务处理进行简要介绍。

(1) 支付广告费

在总账系统直接填制凭证，如图 5-8 所示。

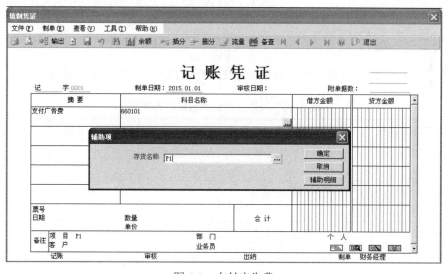

图 5-8　支付广告费

（要点提示）

➢　将"广告费"设置为项目核算科目是为今后按照产品进行精细核算提供核算依据。

➢　将该笔现金流量记录在"支付的与其他经营活动有关的现金"项目上。

(2) 登记销售订单

首先，在企业应用平台的"基础设置"界面中，选择"单据设置"|"单据编码设置"命令，修改销售订单编号方式为"完全手工编号"。

在销售管理系统中，选择"销售订货"|"销售订单"命令，录入并审核销售订单，如图 5-9 所示。

图 5-9 销售订单

2. 每周业务处理

笨笨公司每周各项日常工作内容对应于 ERP 软件处理流程如表 5-19 所示。

表 5-19 笨笨公司每周日常工作列表

笨笨公司运营流程	U8 软件业务处理提示	1 周	2 周	3 周	4 周
季初现金盘点	总账：查询现金科目余额表，或查询现金日记账				
更新短期贷款/还本付息/申请短期贷款	总账：录入凭证				
更新应付款/归还应付款	录入付款单，核销生成凭证				
更新原料订单 原材料入库	原料订单中录入预计到货日期，进行查询，查当期要到货的订单	2	1	1	1
	库存管理：根据订单生成入库单，审核，存货核算中进行单据记账，生成凭证采购模块：根据订单生成采购发票，(进行现付)，进行结算				
	应付管理：采购发票审核，生成凭证				

(续表)

笨笨公司运营流程	U8软件业务处理提示	1周	2周	3周	4周
下原料订单	采购管理：录入采购订单并审核	1R1	1 R1	1 R1	1 R1
更新生产/完工入库	库存管理：录入产成品入库单，审核，存货核算：记账，生成凭证(凭证分录调整)	1P1	2P1	1P1	2P1
投资新生产线/变卖生产线/生产线转产	投资新生产线：有安装周期的：录入凭证，入在建工程科目；无安装周期的新增固定资产卡片 变卖生产线：当月资产计提折旧；固定资产模块进行资产减少，入固定资产清理科目；总账中录入凭证，现金增加				
向其他企业购买原材料/出售原材料	直接做采购入库单				
开始下一批生产(材料出库，支付加工费)	材料出库：库存管理：录入材料出库单，审核；存货核算：记账，生成凭证 支付加工费：总账：录入凭证	1	2	1	2
更新应收款/应收款收现	应收款收现：应收模块：录入收款单，核销生成凭证			15	32
出售厂房	固定资产减少，入固定资产清理 应收模块录入其他应收单				
向其他企业购买成品/出售成品	直接录采购入库单				
按订单交货	查询现存量，查询订单，如可以交货：销售管理：根据销售订单生成销售发票，发票复核，查询发货单、销售出库单，审核销售出库单(库存管理) 应收款管理：销售发票审核，生成凭证		6P1		
产品研发投资	在总账中直接录入凭证				
支付行政管理费	总账：录入凭证	1	1	1	1
其他现金收支情况登记	总账：录入凭证				

以下仅对部分业务处理进行简要介绍。

(1) 原材料入库

笨笨公司采购业务严格按订单管理，没有订单供应商不发货。此外，笨笨公司采购业务一般为现付，即不经过对发票确认应付，直接付款。

① 在库存管理系统中参照采购订单生成采购入库单

在库存管理系统中，选择"入库业务"|"采购入库单"命令，单击"生单"按钮，参照采购订单生成采购入库单，保存并审核，如图5-10所示。

图 5-10   根据采购订单生成采购入库单

② 在采购管理系统中根据采购入库单生成采购专用发票并现付

在采购管理系统中，选择"采购发票"|"专用采购发票"命令，选择参照"采购入库单"生成。选择"现付"，录入相关信息，如图 5-11 所示。单击"结算"按钮，完成采购入库成本核算。

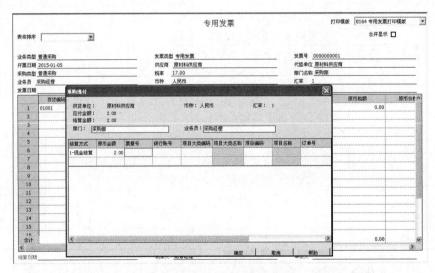

图 5-11   采购现付

③ 在存货核算系统中对采购入库单进行记账并生成入库凭证

在存货核算系统中，选择"业务核算"|"正常单据记账"命令，对采购入库单进行记账。

在存货核算系统中，选择"财务核算"|"生成凭证"命令，生成入库凭证。

④ 在应付款系统中审核采购发票，并生成现付凭证

在应付款管理系统中，选择"应付单据处理"|"应付单据审核"命令，对采购发票进行审核。

在应付款管理系统中，选择"制单处理"|"现结制单"命令，生成凭证如图5-12所示。

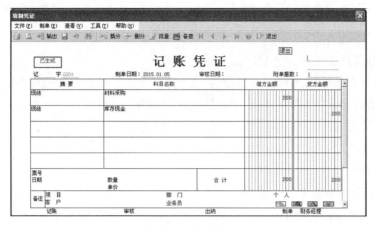

图5-12　现结凭证

(2) 完工入库

① 在库存管理系统中进行产成品入库单录入及审核

在库存管理系统中，选择"入库业务"|"产成品入库单"命令，录入并审核。

② 在存货核算系统中对产成品入库单记账并生成凭证

在存货核算系统中，选择"业务核算"|"正常单据记账"命令，对产成品入库单进行记账。

在存货核算系统中，选择"财务核算"|"生成凭证"命令，生成的入库凭证如图5-13所示。

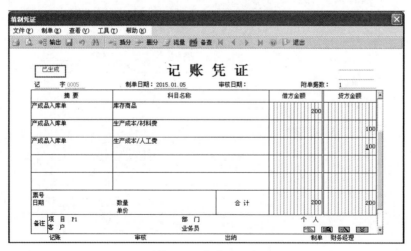

图5-13　产成品入库

要点提示

➤ 系统自动凭证的贷方科目为"生产成本/材料费",需要修改金额并增加"生产成本/人工费"科目。

(3) 开始下一批生产

① 在库存管理系统中录入材料出库单并审核

在库存管理系统中,选择"出库业务"|"材料出库"命令,录入材料出库单并审核。

② 在存货核算系统中对材料出库单记账并生成凭证

在存货核算系统中,对材料出库单记账,生成凭证。

借:生产成本/材料费(500101)　　1

　　贷:原材料(1403)　　　　　　　　　　1

③ 在总账中录入加工费凭证

借:生产成本/人工费(500102)　　1

　　贷:库存现金(1001)　　　　　　　　　1

(4) 支付行政管理费

笨笨公司每月都会发生一些例行业务,如支付行政管理费。利用系统提供的常用凭证可以将每月的例行业务预置在系统中,以后发生类似业务时只需引用常用凭证即可。这样既可省时省力,又可以保证正确性。

① 生成常用凭证

在总账系统的"填制凭证"界面中,第一次填制好凭证后,选择"制单"|"生成常用凭证"命令,如图5-14所示。

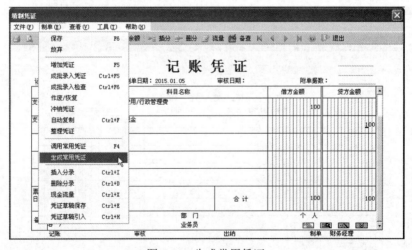

图5-14　生成常用凭证

也可以在总账系统中,选择"凭证"|"常用凭证"命令,在"常用凭证"窗口中定义常用凭证。

② 调用常用凭证

设置了常用凭证后，在填制凭证时，可以选择"制单"|"调用常用凭证"命令，调用常用凭证，或在填制凭证功能中按 F4 键调用常用凭证。调用的常用凭证可以修改。

(5) 按订单交货

① 在销售管理系统中，根据销售订单生成销售普通发票并复核。

② 在库存管理系统中审核销售出库单。

③ 在存货核算系统中对销售出库单记账生成出库凭证，如图 5-15 所示。

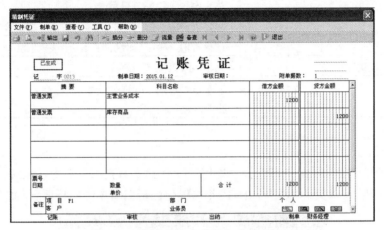

图 5-15　根据销售出库单生成出库凭证

④ 在应收款管理系统中对销售普通发票进行审核，发票制单。

(6) 应收款收现

① 在应收款管理系统中执行"收款单据处理"|"收款单据录入"命令，填制收款单并审核，生成凭证。

借：库存现金　　15

　　贷：应收账款　　15

② 在应收款系统中，为了精确地进行账龄分析，收款后需要及时核销应收账款，如图 5-16 所示。

单据日期	单据类型	单据编号	客户	款项类型	结算方式	币种	汇率	原币金额	原币余额	本次结算金额	订单号
2015-01-19	收款单	0000000001	本地客户	应收款	现金结算	人民币	1.00000000	15.00	15.00	15.00	
合计								15.00	15.00	15.00	

单据日期	单据类型	单据编号	到期日	客户	币种	原币金额	原币余额	可享受折扣	本次折扣	本次结算	订单号	凭证号
2014-12-31	其他应收单	0000000001	2014-12-31	本地客户	人民币	15.00	15.00	0.00	0.00	15.00		
2015-01-12	销售普通发票	0000000001	2015-01-12	本地客户	人民币	32.00	32.00	0.00			LP1-1/5	记-0014
合计						47.00	47.00	0.00		15.00		

图 5-16　核销应收账款

3. 月末业务处理

月末处理的主要工作内容如表 5-20 所示。

表 5-20　月末主要工作内容

沙盘企业运营流程	U8 软件业务处理提示
支付利息/更新长期贷款/申请长期贷款	查询长期借款余额；总账中录入支付利息凭证
支付设备维护费	固定资产中查询设备数量及所属项目；在总账中录入凭证
支付租金/购买厂房	总账中录入凭证，付租金 固定资产做厂房卡片的增加，生成新增资产凭证
计提折旧	计提折旧，手工修改折旧额，生成折旧凭证
新市场开拓/ISO 认证投资	总账中录入凭证
结账	期末盘点；期末处理；结账 报表编制

(1) 计提折旧

首先，在固定资产系统中，选择"处理"|"计提本月折旧"命令，系统按照设定的折旧方法计算折旧。可以按下"Ctrl+Alt+G"组合键修改折旧清单中的折旧额，如图 5-17 所示。

图 5-17　修改折旧清单上的折旧额

要点提示

➢ 按课程规则需要修改折旧额。

根据折旧清单生成计提折旧的凭证。

(2) 结账

① 存货核算月末处理

在存货核算系统中，执行"业务核算"|"期末处理"命令，对各仓库进行期末处理。

② 总账期末处理

总账期末处理需要关注以下三个问题。

首先，确认公司是否需要交所得税，如果需要在总账中录入凭证，分录如下。

借：所得税费用(6801)　　　　1

　　贷：应交税金(应交所得税)　　　1

然后，在总账中进行凭证审核及记账处理。

最后，进行期间损益结转和本年利润结转。

③ 各系统结账

在完成当月的日常业务及期末业务处理之后，应进行结账操作。结账时应注意各系统结账的先后顺序。

业务：先结采购管理系统、销售管理系统；再结库存管理系统、存货核算系统。

财务：先结固定资产系统、应收、应付系统，最后总账系统结账。

任务七　报表编制与财务分析

1. 编制内部管理报表

内部报表包括产品核算统计表和费用明细表。

在 UFO 中定义产品核算统计表如图 5-18 所示。

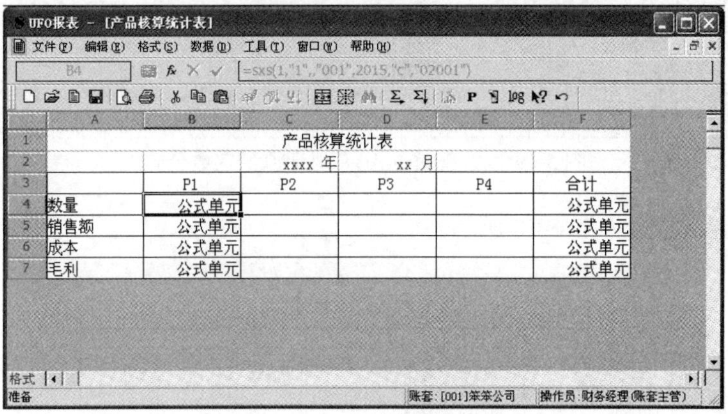

图 5-18　产品核算统计表

产品核算统计表中的销售数量可以取自销售系统，取数公式为：sxs(1,"1",,"001",2015,"c","02001")，参数：1—会计期间、"1" 一销售类型编号、001—账套号、2015—会计年度、C—方式字(C 表示产品)、02001—产品编码。

2. 编制对外财务报表

(1) 利润表和资产负债表

对外财务报表可以调用报表模板、根据本单位需要修改而成。如，编制资产负债表时需要将生产成本科目的余额(表示笨笨公司的在制品)计入"存货"，因此需要修改存货科目的取数公式，否则会造成资产合计不等于负债和所有者权益合计。

(2) 现金流量表

如果采用"总账+项目核算"的方式编制现金流量表，准备工作有以下几个方面。

第一，在会计科目界面的"编辑"|"指定科目"命令中指定"现金流量科目"。

第二，在总账填制或其他系统生成带有现金流量科目的凭证时需要同时确认该笔现金流量需要计入到哪一个现金流量项目。如果此时没有指定，也可以通过总账中的"现金流量表"|"现金流量凭证查询"命令补充录入现金流量凭证的现金流量项目。

第三，在 UFO 中调用现金流量表模板后，需要设置关键字，并为各单元定义现金流量取数公式。为 C6 单元定义现金流量取数公式的过程如图 5-19 所示。

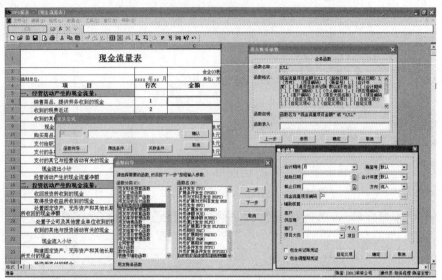

图 5-19　为 C6 单元定义现金流量取数公式

生成的现金流量表如图 5-20 所示。

	A	B	C
1	**现金流量表**		
2			会企03表
3	编制单位:	2015 年　1 月	单位: 元
4	**项　　目**	**行次**	**金额**
5	**一、经营活动产生的现金流量:**		
6	销售商品、提供劳务收到的现金	1	47.00
7	收到的税费返还	2	
8	收到的其他与经营活动有关的现金	3	
9	现金流入小计	4	47.00
10	购买商品、接受劳务支付的现金	5	5.00
11	支付给职工以及为职工支付的现金	6	10.00
12	支付的各项税费	7	1.00
13	支付的其它与经营活动有关的现金	8	5.00
14	现金流出小计	9	21.00
15	经营活动产生的现金流量净额	1 0	26.00
16	**二、投资活动产生的现金流量:**		
17	收回投资所收到的现金	1 1	
18	取得投资收益所收到的现金	1 2	
19	处置固定资产、无形资产和其他长期资产所收回的现金净额	1 3	
20	处置子公司及其他营业单位收到的现金净额	1 4	
21	收到的其他与投资活动有关的现金	1 5	
22	现金流入小计		

图 5-20　现金流量表

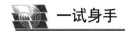 一试身手

1. 如果笨笨公司发生以下业务，在信息化系统中应该如何处理

(1) 投资新生产线/变卖生产线/生产线转产。

(2) 向其他企业出售成品。

2. 如何利用信息化管理工具解决以下问题

(1) 如何跟踪短期贷款和长期贷款的还款日期？

(2) 如何设置最高、最低库存预警？

3. 请利用 UFO 报表进行以下财务分析

	分析指标	第1年	第2年	第3年	第4年	第5年	第6年
收益力	利润率						
	净资产收益率						
成长力	销售增长率						
	利润增长率						
安定力	速动比率						
	资产负债率						
活动力	存货周转率						
	总资产周转率						

4. 讨论借助 ERP 如何提升企业竞争力

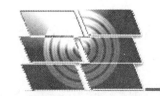

项目六
创业者电子沙盘对抗

实训目标

➤ 了解电子沙盘的设计原理

➤ 掌握电子沙盘的操作要领

➤ 掌握利用电子沙盘记录企业业务的方法

➤ 掌握利用电子沙盘查询企业相关信息的方法

任务描述

前面四个项目是基于物理 ERP 沙盘开展的企业经营模拟。几天的课程下来，学习者通过经营体验－决策失误－高人指点－反思回顾中获得企业管理的真实体验及管理能力和素质的综合提升，课程结束时必然是意犹未尽。如果我们把这个阶段称为感性认知，那么基于创业者的电子沙盘可以开展第二个阶段的理性认知活动。

创业者电子沙盘是一种企业经营模拟软件，电子沙盘与实物沙盘完美结合，继承了 ERP 实物沙盘形象直观的特点，同时实现了选单、经营过程、报表生成、赛后分析的全自动，将教师彻底从选单、报表录入、监控等具体操作中解放出来，而将教学研究的重点放在企业经营的本质上进行分析。该系统全真模拟企业市场竞争及经营过程，受训者犹如身临其境，感受到真实市场氛围，既可以使受训者全面掌握经营管理知识，又可以树立团队精神、责任意识。电子沙盘对传统课堂教学及案例教学既是一种有益补充，又是一种创新。

本项目就让我们一览创业者电子沙盘的全貌。

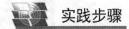 **实践步骤**

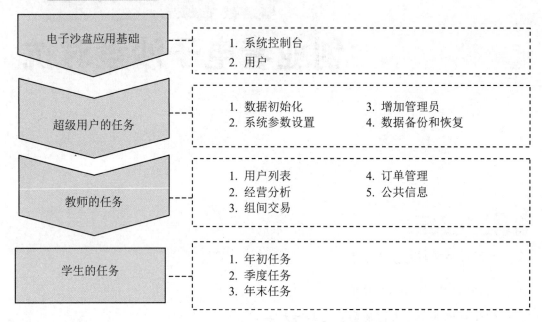

| 电子沙盘应用基础 | 1. 系统控制台 2. 用户 |

超级用户的任务：1. 数据初始化 2. 系统参数设置 3. 增加管理员 4. 数据备份和恢复

教师的任务：1. 用户列表 2. 经营分析 3. 组间交易 4. 订单管理 5. 公共信息

学生的任务：1. 年初任务 2. 季度任务 3. 年末任务

任务一　电子沙盘应用基础

创业者电子沙盘采用硬加密加密方式，安装好创业版电子沙盘的机器我们称为服务器。

1. 系统控制台

双击"电子沙盘控制台"，进入"创业者控制台"窗口。单击"系统启动"按钮(注意：系统运行时，请勿关闭此控制页面)，如图 6-1 所示。启动后在屏幕右下角会出现服务启动标记 。

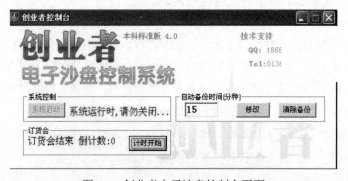

图 6-1　创业者电子沙盘控制台页面

注意：

启动创业者控制台之前需要先关闭 IIS 服务。右击桌面上的"我的电脑"图标，从快捷菜单中选择"管理"选项，进入"计算机管理"窗口。在左边窗口中单击"服务和应用程序"|"服务"，在右边窗口找到"IIS Admin"并右击，从快捷菜单中选择"停止"。

2. 用户

使用创业者电子沙盘的用户可以分为三类：超级用户、教师和学生。

任务二　超级用户的任务

1. 以超级用户身份登录

超级用户是系统自带的不可更改的一个管理员。超级用户的权限包括：数据初始化－确定分组方案、运行参数设置、管理系统用户等。超级用户不能参与企业的运行管理。

在 IE 浏览器地址栏输入"http://服务器地址或服务器机器名/manage"，打开"管理员登录"对话框。输入超级用户名"admin"，密码"admin"，如图 6-2 所示。

图 6-2　超级用户登录

2. 数据初始化

数据初始化是设定参与企业经营模拟的企业数量，支持 6 队到 18 队的分组方案，并按照分组方案将各队命名为 U01、U02、U03……各队初始状态为"新用户"，所有经营数据清零。

从下拉列表中选择适合的分组方案，单击"执行初始化"按钮，数据初始化如图 6-3 所示。

图 6-3　数据初始化

3. 系统参数设置

系统参数设置是设定企业运行过程中系统自动执行的一些规则，灵活的参数设置也是电子沙盘的特性之一。可设置的系统参数如图 6-4 所示。

图 6-4　系统参数设置

要点提示

➢ 必须先确定分组方案，再修改系统参数才有效。

➢ 经营过程中可以修改系统参数，随时生效(初始资金除外)。

➢ 系统参数设置时，学生端需退出系统。

4. 增加管理员

管理员是执行创业者后台管理工作的人，如果是教学活动，可以理解为教学活动的组织者——教师(以下称教师)。超级用户至少要增加一名教师。

单击 图标，打开"管理员列表"对话框，单击"添加管理员"按钮，增加教师，包括名称、密码和备注，如图 6-5 所示。

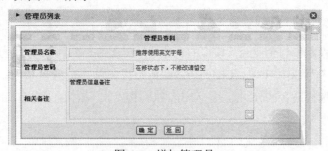

图 6-5　增加管理员

5. 数据备份和恢复

因为系统中只能有一套数据，如果有多个班级交叉上课，每次课程结束后，需要把运行的数据进行备份，下次上课前再将备份数据进行恢复，以继续课程。

任务三　教师的任务

教师即管理员，是组织课程并对系统运行进行控制的人，是由超级用户增加的。教师可以在课程进行过程中查看用户列表、查看排行榜、进行经营分析、进行组间交易、组织订货会议、查看公共信息和数据备份等。

在 IE 浏览器地址栏输入"http://服务器地址或服务器机器名/manage"，打开"管理员登录"对话框。用教师身份重新登录，进入教师管理主界面。

1. 用户列表

双击"用户列表"，进入"用户列表"窗口。

(1) 查看用户状态。通过列表，可以了解各队的现金状态、经营进度及用户状态，用户状态分三种：新用户、经营中还是破产，如图 6-6 所示。

ID	用户名	用户密码	现金	用户当前时间	用户状态
1	U01	526	76	第6年第1季(0)	经营中
2	U02	12	11	第6年第1季(0)	破产
3	U03	1111	92	第6年第1季(0)	经营中
4	U04	123	181	第6年第1季(0)	经营中
5	U05	510510	148	第6年第1季(0)	经营中
6	U06	987654321	110	第6年第1季(0)	经营中
7	U07	1	0	第1年第1季(0)	新用户
8	U08	1	0	第1年第1季(0)	新用户

图 6-6　用户列表

(2) 修改用户状态。为使用户能够在非正常情况下继续运作，可在用户列表中直接单击用户名，进入用户信息查看，并可进行修改状态和增加现金的操作，如图 6-7 所示。

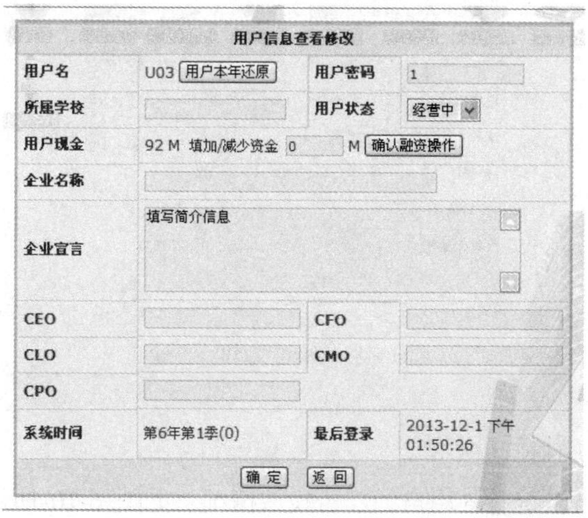

图 6-7　用户信息查看修改

要点提示

➢ 单击"用户本年还原"按钮,用户将还原至当年年初参加完订货会后的状态。
➢ 未注册的用户系统默认为"新用户",注册后不参与经营的用户状态设为"新用户"。
➢ 可以将破产用户的状态设置为"经营中",使其继续运作。
➢ 可以通过增加/减少资金的操作,额外补充或缩减现金。

2. 经营分析

通过经营分析可以查看用户各年份的销售分析、成本效益分析和财务指标分析,了解各用户的经营情况,如图 6-8 所示。

图 6-8　经营分析

3. 组间交易

可以根据教学需要,决定是否向用户开放"组间交易",进行组间交易的用户需要到教师这里说明产品种类、数量和交易总金额,如图 6-9 所示。

图 6-9　组间交易

4. 订单管理

可以通过"订单管理"查看各用户的广告投放情况,如图 6-10 所示。各用户投放完广告后,运行管理员可以单击"开始选单"按钮,开始选单。

图 6-10　订单管理

> 要点提示

➤ 破产用户在用户广告投放状态中不会出现，故不能参加选单。
➤ 选单中不要退出管理员窗口，可查看选单情况。

5. 公共信息

在实训过程中，可以定期发布公共信息，各用户根据公共信息调整自己的战略。通过公共信息可以查看各年份的综合费用表、利润表、资产负债表、各用户广告投放信息及当年的各市场老大，如图 6-11 所示。

用户名	利润	权益
U01	-6	66
U02	8	91
U03	-3	83
U04	22	101
U05	-8	69
U06	-6	74

各市场老大 本地:U01 区域:U04 国内:无 亚洲:无 国际:无

图 6-11　公共信息

> 要点提示

➤ 市场老大一定要等所有用户都提交完当年的报表后才有效。

教师可以通过单击左下角信息栏中的"图文"按钮，向学生发布图文信息，将公共信息中生成的各年度综合费用表、利润表、资产负债表、广告投放情况复制后，粘贴在对话框内，单击"确认提交"按钮,如图 6-12 所示。

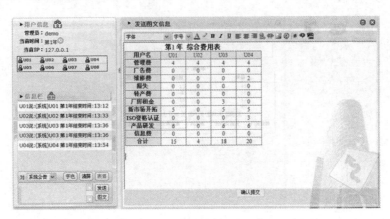

图 6-12 发送图文信息

任务四 学生的任务

基于电子沙盘的企业运营充分发挥了计算机自动计算的优势,很多手工操作的环节都由计算机自动计算完成,表 6-1 对手工和电子沙盘进行了对比。

表 6-1 手工与电子沙盘比较

顺序	手工操作流程	系 统 操 作	手 工 记 录		
年初	新年度规划会议				
	广告投放	输入广告费确认			
	参加订货会选订单/登记订单	选单			
	支付应付税(25%)	系统自动			
	支付长贷利息	系统自动			
	更新长期贷款/长期贷款还款	系统自动			
	申请长期贷款	输入贷款数额并确认			
1	季初盘点(请填余额)	产品下线,生产线完工(自动)			
2	更新短期贷款/短期贷款还本付息	系统自动			
3	申请短期贷款	输入贷款数额并确认			
4	原材料入库/更新原料订单	需要确认金额			
5	下原料订单	输入并确认			
6	购买/租用厂房	选择并确认,自动扣现金			
7	更新生产/完工入库	系统自动			
8	新建/在建/转产/变卖生产线	选择并确认			
9	紧急采购(随时进行)	随时进行输入并确认			

（续表）

顺序	手工操作流程	系 统 操 作	手 工 记 录		
10	开始下一批生产	选择并确认			
11	更新应收款/应收款收现	需要输入到期金额			
12	按订单交货	选择交货订单确认			
13	产品研发投资	选择并确认			
14	厂房出售(买转租)/退租/租转买	选择确认，自动转应收款			
15	新市场开拓/ISO资格投资	仅第四季允许操作			
16	支付管理费/更新厂房租金	系统自动			
17	出售库存	输入并确认(随时进行)			
18	厂房贴现	随时进行			
19	应收款贴现	输入并确认(随时进行)			
20	季末收入合计				
21	季末支出合计				
22	季末数额对账[(1)+(20)-(21)]				
年末	缴纳违约订单罚款(20%)	系统自动			
	支付设备维护费	系统自动			
	计提折旧	系统自动			
	新市场开拓/ISO资格认证	系统自动			
	结账				

1. 以学生身份登录系统

在 IE 浏览器地址栏输入"http://服务器 IP"，出现学生登录界面。一个虚拟企业一个登录账号，如 U01、U02 等；初始密码均为"1"，如图 6-13 所示。

图 6-13　学生端登录系统

以学生身份登录后，可以进行用户信息登记，如图 6-14 所示。

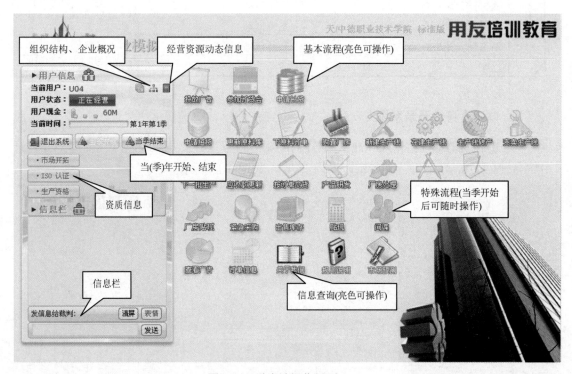

图 6-14　用户登记信息

在此输入用户登记信息，需要输入新密码、所属学院、公司名称、公司简介和团队分工。信息填写完毕后单击"登记确认"按钮，公司注册成功，开始实际运营。学生端操作主界面如图 6-15 所示。

图 6-15　学生端操作界面

2. 年初任务

(1) 投放广告

在每年年初进行广告投放，要想取得参加订货会的资格，必须在想要进入的市场投放广告。

没有获得该市场准入证时不能打开"投放广告"窗口；在"投放广告"窗口中，市场名称为红色表示该市场尚未开发完成，不可投放广告；完成所有市场广告投放后，单击"确认投放"按钮，退出后不能返回更改。

广告投放完成后，可以通过广告查询，查看已经完成投放广告的其他用户广告投放情况；广告投放确认后，长贷本息及税金同时被自动扣除。每个子市场至少投放 1M，以后每多投 2M 从理论上可以多获得一轮选单机会，如图 6-16 所示。

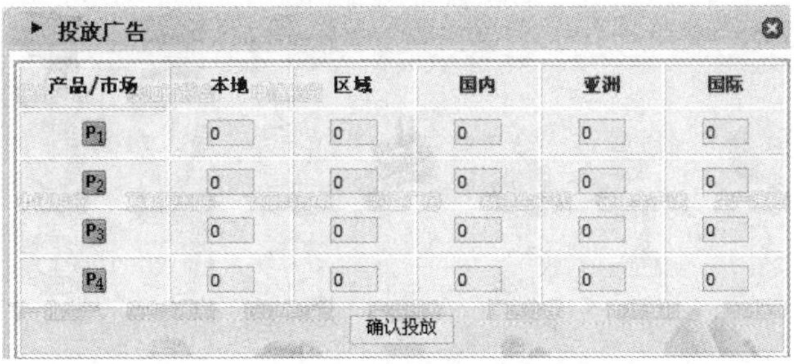

图 6-16　广告投放

(2) 参加订货会

所有用户投放完广告之后，教师端单击"开始选单"按钮，学生端就可以开始选单了。订货会按照(本地，P1)、(本地，P2)、(本地，P3)、(本地，P4)、(区域，P1)、(区域，P2)……(国际，P3)、(国际，P4)的顺序依次进行。

在订货会的左侧，显示进入每个细分市场有几个用户、每个用户的该产品投放广告额、该市场投放广告额、去年销售额、去年违约情况、剩余选单机会和剩余选单时间。系统自动排列选单顺序，有权限的选单用户必须在倒计时内选单，否则系统视为放弃本回合；系统自动判定是否拥有 ISO 资格；可以放弃本回合(该市场的某种产品)选单及本年(该市场的全部产品)选单，但仍可查看其他用户选单；用户可以根据需要"按总价"、"按数量"或者"按单价"排序订单，以便更好地选择。

在订货会的右侧，当订单变白后，可以进行选单，订单上有订单编号、总价、数量、交货期、账期和是否要求 ISO 认证，若用户不符合 ISO 要求，该订单为红色，代表不可选。用户根据自己的实际情况选择能够满足的订单。系统中将某市场某产品的选单过程称为回合，每回合选单可能有若干轮，每轮选单中，各用户按照排定的顺序，依次选单，但只能选一张订单。当所有用户都选完一次后，若还有订单，再开始进行第二轮选单，依此类推，直到所有订单被选完或所有用户退出选单为止，本回合结束，如图 6-17 所示。

(3) 申请长贷

创业者电子沙盘第 1 年无"投放广告"和"申请长贷"的操作。

长期贷款发生在每年年初，必须在"当季开始"之前。年初付息，到期还本；利率为 10%；每次贷款为 10 的倍数，所有长贷和短贷之和不能超过上年权益的 3 倍。单击"长期贷款"按钮，选择贷款年限、贷款额，再单击"确认贷款"按钮即可，如图 6-18 所示。

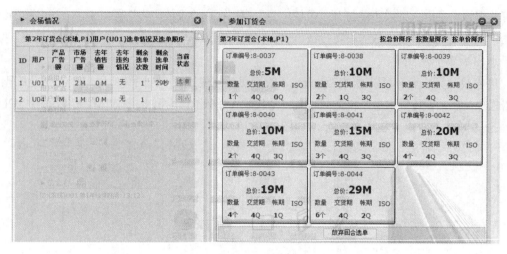

图 6-17 订货会

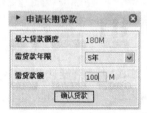

图 6-18 申请长期贷款

3. 季度任务

(1) 当季开始

申请长贷之后就开始新的一季度，每季度经营开始及结束需要确认，每季度开始时系统自动完成"还本付息/更新短期贷款"、"更新生产/完工入库"、"生产线完工/转产完工"操作。

在后面的操作过程中，亮的按钮可以操作，暗色按钮暂时不能操作。其中"更新原料库"和"应收款更新"两个按钮为必须操作项，只有操作了它们，后面的暗色按钮才会变亮。如破产则无法继续经营，自动退出系统；现金不足可进行紧急融资(出售库存、贴现等)，如图 6-19所示。

(2) 申请短贷

短期贷款发生在每季度初，到期一次还本付息；每次贷款为 20 的倍数，利率为 5%，所有长贷和短贷之和不能超过上年权益的 3 倍。选择贷款金额，单击"确认贷款"按钮即可，如图6-20 所示。

(3) 原材料入库/更新原料订单

以前订购的原料本季到货，此步需要支付货款，支付完货款后原材料就可以入库了。系统自动提示需要支付的现金并自动扣减现金；确认更新后，后续的操作权限方可操作，此操作一季只能进行一次，如图 6-21 所示。

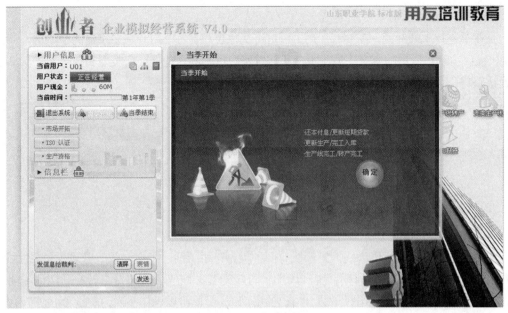

图 6-19　当季开始

图 6-20　短期贷款

图 6-21　原材料入库/更新原料订单

(4) 下原料订单

根据生产计划，及时采购所需要的原料，避免因原料不足而影响生产。在采购原料时要把握住一个原则，即在不影响生产的前提下，原料库存越小越好，不然会占用流动资金，影响企业运营。输入所需要的原料数量，然后单击"确认订购"按钮，一季只能操作一次(也可不下订单)，如图 6-22 所示。

原料	价格	提前期	订购量
R₁	1M	1季	1
R₂	1M	1季	0
R₃	1M	2季	0
R₄	1M	2季	0

图 6-22　下原料订单

(5) (买/租)新厂房

企业要进行生产经营，需要有厂房，厂房可买也可租，每个用户最多可建两个厂房，一大一小，大厂房和小厂房的容量不同，租金和购置费用也不同。选择厂房类型和获得方式，单击"确认获得"按钮即可，如图 6-23 所示。

图 6-23　(买/租)新厂房

(6) 新建生产线

在所建的厂房内建设生产线，生产线有四种类型：手工线、半自动线、自动线和柔性线。不同生产线的购置费、安装周期、生产周期、总转产费、残值、维修费、转产周期也不同。

要根据自己的生产计划选择最适合自己的生产线，一季可以操作多次，直至厂房建满为止。在新建生产线时，要选择所属厂房、新生产线类型和生产产品类型，然后单击"确认投资"按钮，如图 6-24 所示。

图 6-24　新建生产线

(7) 在建生产线

自动线和柔性线是有安装周期的，在安装未完成时需要在以后时期继续投资，直至安装完成。系统会自动列出尚未建成的生产线，选择需要继续投资的生产线，单击"确认投资"按钮。期间可以暂停，但不可以提前，一季只能操作一次，如图 6-25 所示。

图 6-25　在建生产线

(8) 生产线转产

当取得的订单和生产线不匹配时，可以进行"生产线转产"，即这条生产线经转产后可以生产另外一种产品。系统会自动列出符合转产要求的生产线，选择需要转产的生产线并选择转产为哪种产品后，单击"确认处理"按钮即可。

不同的生产线转产周期、转产费不同，"生产线转产"可多次操作，如图 6-26 所示。

图 6-26 生产线转产

(9) 变卖生产线

当用户运营过程中出现资金紧张等问题时，可以变卖生产线。系统会自动列出可变卖的生产线，选择将要变卖的生产线，单击"确认变卖"按钮，如图 6-27 所示；可重复操作，也可放弃操作。变卖后，从价值中按残值收回现金，高于残值的部分计入当年费用的损失项目。变卖生产线会给企业带来损失，影响企业权益，所以如果没有意外情况，不要变卖生产线。

图 6-27 变卖生产线

(10) 下一批生产

生产线建成之后，如果原料已经入库，具备生产资格，就可以开始生产产品了。系统会自动列出可以进行生产的生产线，单击"开始生产"按钮就可以开始本生产线的生产，如图 6-28 所示。在生产产品时最好优先生产交货期早的产品，以避免违约。系统自动扣除原料和加工费用。

图 6-28 下一批生产

(11) 应收款更新

产品及时交货后，除了账期是零的订单账款会自动到账外，系统不提示本季到期的应收款。每队自己统计本季度应回收金额，多填不允许操作，少填按照实际填写的金额收回，少收的部分以后可以收回。

应收款可以在回收时点(交货期+账期)收回，手动输入回收金额，就可以收回应收款了，如图 6-29 所示。此步操作后，前面的各项操作权限关闭(不能返回以前的操作任务)，并开启以后的操作任务(按订单交货、产品开发、厂房处理权限等)。

图 6-29　应收款更新

(12) 按订单交货

产品生产出来后就可以按照订单交货了，交货时优先考虑交货期早的订单，避免违约。可以在交货期之前交货，这样可以提前回收应收账款，但不能晚交，否则会形成违约。

系统会自动列出当年未交订单，自动检测成品库存是否足够，单击"确认交货"按钮即可交货，系统自动增加应收账款金额。超过交货期会形成违约，系统会收回违约订单，并在年底扣除违约金(按订单的 20%扣除)，如图 6-30 所示。

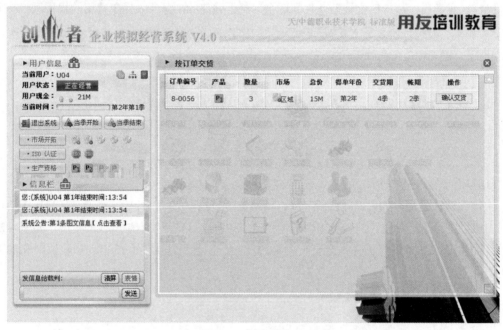

图 6-30　按订单交货

(13) 产品研发

要想生产某种产品，需要首先进行产品研发。系统有四种产品：P1、P2、P3、P4，每种产品的投资周期不同。此选项为复选操作，同时选定将要研发的产品，单击"确认投资"按钮，一季只允许研发一次，一旦退出，本季度不能再次进入，如图 6-31 所示。

图 6-31　产品研发

(14) 厂房处理

如果卖出厂房中无生产线，增加 4 期应收账款，并删除厂房；如果卖出厂房中有生产线，增加 4 期应收账款，自动转为租(买转租)，并扣除当年租金，记下租入时间；租入厂房如果离上次支付租金满一年可以转为购买(租转买)，并立即扣除现金；如果无生产线，可选择退租并删除厂房。

租入厂房离上次支付租金满一年，如果不执行"租转买"操作，默认为续租，并在当季结束时自动扣下一年租金。处理方式及确认界面，如图 6-32 所示。

图 6-32　厂房处理

> 要点提示

> ➢ "租转买"操作只能在租入满一年的时候执行(如上年第 3 季起租，下年第 3 季视为满一年)。

(15) 市场开拓

在每年的第四季度末可以进行市场开拓，总共有本地、区域、国内、亚洲、国际五个市场，要想进入某个市场，必须完成市场开拓。不同的市场投资时间不同，只有开拓完成了才能进入该市场。

此操作为复选操作，选择所有想要开拓的市场，单击"确认投资"按钮即可。每年只有第四季度可以操作一次，如图 6-33 所示。

(16) ISO 投资

每年第四季度还可以进行 ISO 认证投资，有 ISO 9000 和 ISO 14000 两种认证，投资周期不同，投资金额也不同。ISO 系列认证有两种作用：一是在竞选订单时，有些订单是只有企业拥有 ISO 系列认证才有资格竞选的；二是拥有 ISO 认证可以提高企业的综合发展潜力，会影响最后的成绩。

图 6-33　市场开拓

此操作为复选操作,选中将要投资的 ISO 名称,单击"确认投资"按钮,只有每年第四季度一次操作机会,如图 6-34 所示。

图 6-34　ISO 认证投资

(17) 当季结束

当季(年)经营完成需要确认当季结束。当季(年)结束时,系统自动扣除行政管理费(为 1M/季)、支付租金,并且检测"产品开发"完成情况,如图 6-35 所示。

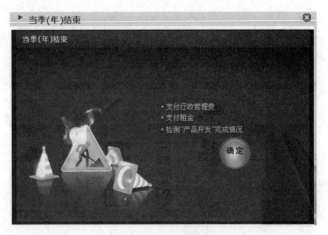

图 6-35　当季结束

(18) 当年结束

第四季经营结束、当年运营结束、当季(年)结束时,需要支付行政管理费、支付租金、检测"产品研发"完成情况、检测"新市场开拓、ISO 投资"完成情况、支付设备维修费、计提折旧、违约扣款，如图 6-36 所示。

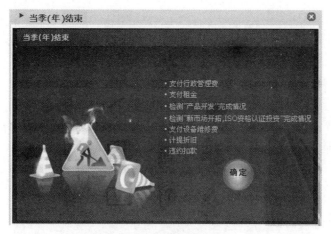

图 6-36 当季(年)结束

系统自动完成上述任务，并在后台生成资产负债表、现金流量表和所有者权益表。根据财务报表可以了解各个企业的运营情况、财务状况和盈利能力。

4. 特殊任务

特殊运行任务不受正常流程运行顺序的限制，在需要时随时可以操作。特殊运行任务主要有以下几种。

(1) 厂房贴现

在资金流紧张时可以将厂房卖出，获得现金；厂房内如果没有生产线，厂房售出后，可以获得账期为四季度的应收账款；如果有生产线，厂房变卖后需要租赁，因此需要支付租金；系统自动全部贴现，不允许部分贴现，如图 6-37 所示。

图 6-37 厂房贴现

(2) 紧急采购

当不能及时交货或者原材料供应不及时，可以采用紧急采购。选择需要购买的原料或产品，填写购买数量后单击"确认订购"按钮。紧急采购随时都可以操作，订购的原材料或者产品立即到货入库，但原材料紧急采购价格是原来的 2 倍，产品紧急采购是成本的 3 倍，高于标准价格的部分，计入损失项。

在"紧急采购"对话框中选择原料名称和订购量，然后确认订购，如图 6-38 所示。

图 6-38　紧急采购

(3) 出售库存

现金流紧张，还可以通过出售库存解决。出售库存可在任意时间操作，输入准备出售的原料或产品的数量，然后单击"确认出售"按钮，如图 6-39 所示。出售原料只能收回成本的 80%，出售成品可以收回成本；售出后的损失计入费用的损失项；所取现金向下取整。

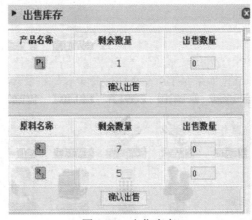

图 6-39　出售库存

(4) 贴现

解决现金流紧张问题，还可以进行贴现。通过贴现可以使应收账款转为现金，但贴现会发生费用。剩余账期还有 1 个或 2 个季度的，贴现率为 10%；剩余账期还有 3 个或 4 个季度的，贴现率为 12.5%。

贴现随时可以操作，次数不限；贴现时在对应的剩余账期内输入贴现金额，贴现费用计入财务支出，剩余转为现金，如图 6-40 所示。

图 6-40　贴现

(5) 商业情报收集(间谍)

为了了解竞争对手的信息，可以通过商业情报收集任意一家用户信息。查看时间、间隔时间和是否需要交纳间谍费用由超级用户在系统参数中设置。

通过商业情报收集可以查看竞争对手的厂房、生产线、市场开拓、ISO 投资、产品开发情况等，并根据竞争对手的情况及时调整自己的战略，如图 6-41 所示。

图 6-41　商业情报收集

(6) 订单信息

在任意时间可以查看订单信息，通过订单信息可以了解订单编号、产品、数量、市场、总价、是否违约、交货期、账期等信息，如图 6-42 所示。

ID	订单ID	产品	数量	市场	总价	状态	得单时间	交货期	帐期	交货时间
2	133	P₁P1	1	本地	6M	违约	第3年第1季	1季	3季	
1	144	P₁P1	6	本地	26M	违约	第3年第1季	4季	2季	

页次:1/1页 共2条 10条/页　　【首页】【上页】【下页】【末页】转到第 1 页 GO!

图 6-42　订单信息

(7) 规则说明

企业可以随时查看电子沙盘的运营规则。

(8) 市场预测

企业在安排企业生产计划时，需要了解市场需求情况。企业可以通过查看市场预测来了解各年度各个市场不同商品的需求情况，从中可以大体了解不同商品的需求量、价格预测和走势，如图 6-43 所示。

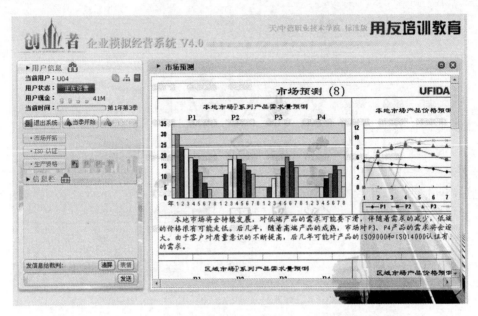

图 6-43   市场预测

(9) 破产检测

广告投放完毕、当季(年)开始、当季(年)结束、更新原料库等处，系统自动检测已有现金加上最大贴现额及出售所有库存和厂房贴现，是否足够本次支出，如果不够，则破产退出系统。如需继续经营，联系管理员(教师)进行处理。

当年结束，若权益为负，则破产退出系统；如需继续经营，联系管理员(教师)进行处理。

(10) 组间交易

各队之间协商一致后，可以到管理员处进行组间交易，管理员单击"组间交易"按钮，选择出货方(卖方)、入货方(买方)、交易产品、数量及总价，确认即完成组间交易，如图 6-44 所示。

图 6-44   组间交易

出货方(卖方)账务处理视同销售，入货方视同紧急采购；只允许现金交易，并且只能交易产成品(P1、P2、P3、P4)；交易双方必须在同一年份才能进行组间交易。

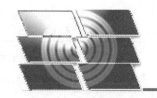

附录A

企业经营过程记录表
记录·计划·分析

激烈的企业模拟竞争就要开始了，六年中，跌宕起伏，有喜有悲，你将充分走近你所担负的管理角色的内心世界，体验每一次决策的成败得失。人生能有几回搏，把它记录下来吧，这将是你人生中值得回味的一段记忆。

起始年运行记录(1)

企业运营流程 请按顺序执行下列各项操作		每执行完一项工作，总经理在相应的方格内画勾 会计主管在方格中填写现金收支记录			
年初	新年度规划会议		/////	/////	/////
	参加订货会/支付广告费/登记销售订单		/////	/////	/////
	制订新年度计划		/////	/////	/////
	支付应付税		/////	/////	/////
1	季初现金盘点(请填余额)				
2	更新短期贷款/还本付息/申请短期贷款(高利贷)				
3	更新应付款/归还应付款				
4	原材料入库/更新原料订单				
5	下原料订单				
6	更新生产/完工入库				
7	投资新生产线/变卖生产线/生产线转产				
8	向其他企业购买原材料/出售原材料				
9	开始下一批生产				
10	更新应收款/应收款收现				
11	出售厂房				
12	向其他企业购买成品/出售成品				
13	按订单交货				
14	产品研发投资				
15	支付行政管理费				
16	其他现金收支情况登记				
17	现金收入合计				
18	现金支出合计				
19	期末现金对账(请填余额)				
年末	支付利息/更新长期贷款/申请长期贷款	/////	/////	/////	
	支付设备维护费	/////	/////	/////	
	支付租金/购买厂房	/////	/////	/////	
	计提折旧	/////	/////	/////	( )
	新市场开拓/ISO 资格认证投资	/////	/////	/////	
	结账	/////	/////	/////	

起始年运行记录(2)

操作顺序	生产总监、采购总监、销售总监使用本表记录所管理的生产要素的变化情况，如采购总监管理原材料库存，可在任务清单中的括号内填入"原材料"字样，在生产要素中填入 R1、R2、R3、R4。原料出库时，在相应的单元格内，填入出库的数量(通常加"-"表示)；入库时，填入入库的数量(通常加"+"表示)。 **注：执行步骤按照任务清单的顺序号进行。**				
	生产要素 (P/R) ＼ 任务清单	一季度	二季度	三季度	四季度
1	季初(　　　)盘点数量				
2	更新短期贷款/还本付息/ 申请短期贷款				
3	更新应付款/归还应付款				
4	原材料入库/更新原料订单				
5	下原料订单				
6	更新生产/完工入库				
7	新生产线投资/变卖/转产				
8	向其他企业购买/出售原材料				
9	开始下一批生产				
10	更新应收款/应收款收现				
11	出售厂房				
12	向其他企业购买/出售成品				
13	按订单交货				
14	产品研发投资				
15	支付行政管理费				
16	其他现金收支情况登记				
17	本季(　　　)入库合计				
18	本季(　　　)出库合计				
19	季末(　　　)库存数量				

订单登记表

订单号									合计
市 场									
产 品									
数 量									
账 期									
销售额									
成 本									
毛 利									
罚 款									

组间交易明细表

买　入			卖　出		
产品	数量	金额	产品	数量	金额

产品核算统计表

	P1	P2	P3	P4	合计
数量					
销售额					
成本					
毛利					

综合管理费用明细表

项　目	金　额	备　注
管理费		
广告费		
维修费		
租　金		
转产费		
ISO 资格认证费		□ISO9000　　□1SO14000
市场准入开拓费		□区域　　□国内　　□亚洲　　□国际
产品研发费		P2(　　)　P3(　　)　P4(　　)
其　他		
合　计		

利　润　表

项　　　目	上　年　数	本　年　数
销售收入	35	
直接成本	12	
毛利	23	
综合费用	11	
折旧前利润	12	
折旧	4	
支付利息前利润	8	
财务收入/支出	4	
其他收入/支出		
税前利润	4	
所得税	1	
净利润	3	

资产负债表

资　　　产	期初数	期末数	负债和所有者权益	期初数	期末数
流动资产：			负债：		
现金			长期负债		
应收款			短期负债		
在制品			应付账款		
成品			应交税金		
原料					
流动资产合计			负债合计		
固定资产：			所有者权益：		
土地和建筑			股东资本		
机器与设备			利润留存		
在建工程			年度净利		
固定资产合计			所有者权益合计		
资产总计			负债和所有者权益总计		

第一年运行记录(1)

企业运营流程 请按顺序执行下列各项操作		每执行完一项工作，总经理在相应的方格内画勾 会计主管在方格中填写现金收支记录				
年 初	新年度规划会议			/////	/////	/////
	参加订货会/支付广告费/登记销售订单			/////	/////	/////
	制订新年度计划			/////	/////	/////
	支付应付税			/////	/////	/////
1	季初现金盘点(请填余额)					
2	更新短期贷款/还本付息/申请短期贷款(高利贷)					
3	更新应付款/归还应付款					
4	原材料入库/更新原料订单					
5	下原料订单					
6	更新生产/完工入库					
7	投资新生产线/变卖生产线/生产线转产					
8	向其他企业购买原材料/出售原材料					
9	开始下一批生产					
10	更新应收款/应收款收现					
11	出售厂房					
12	向其他企业购买成品/出售成品					
13	按订单交货					
14	产品研发投资					
15	支付行政管理费					
16	其他现金收支情况登记					
17	现金收入合计					
18	现金支出合计					
19	期末现金对账(请填余额)					
年 末	支付利息/更新长期贷款/申请长期贷款		/////	/////	/////	
	支付设备维护费		/////	/////	/////	
	支付租金/购买厂房		/////	/////	/////	
	计提折旧		/////	/////	/////	( )
	新市场开拓/ISO 资格认证投资		/////	/////	/////	
	结账		/////	/////	/////	

第一年运行记录(2)

操作顺序	生产总监、采购总监、销售总监使用本表记录所管理的生产要素的变化情况，如采购总监管理原材料库存，可在任务清单中的括号内填入"原材料"字样，在生产要素中填入 R1、R2、R3、R4。原料出库时，在相应的单元格内，填入出库的数量(通常加"－"表示)；入库时，填入入库的数量(通常加"+"表示)。 **注：执行步骤按照任务清单的顺序号进行。**												
	任务清单 生产要素(P/R)	一季度			二季度			三季度			四季度		
1	季初( )盘点数量												
2	更新短期贷款/还本付息/申请短期贷款												
3	更新应付款/归还应付款												
4	原材料入库/更新原料订单												
5	下原料订单												
6	更新生产/完工入库												
7	新生产线投资/变卖/转产												
8	向其他企业购买/出售原材料												
9	开始下一批生产												
10	更新应收款/应收款收现												
11	出售厂房												
12	向其他企业购买/出售成品												
14	产品研发投资												
15	支付行政管理费												
16	其他现金收支情况登记												
17	本季( )入库合计												
18	本季( )出库合计												
19	季末( )库存数量												

现金预算表

	1	2	3	4
期初库存现金				
支付上年应交税				
市场广告投入				
贴现费用				
支付短期贷款利息				
支付到期短期贷款				
原料采购支付现金				
转产费用				
生产线投资				
支付加工费				
产品研发投资				
收到现金前的所有支出				
应收款到期				
支付管理费用				
支付长期贷款利息				
支付到期长期贷款				
设备维护费用				
租金				
购买新建筑				
市场开拓投资				
ISO 认证投资				
其他				
库存现金余额				

要点记录

第一季度: _____

第二季度: _____

第三季度: _____

第四季度: _____

订单登记表

订单号									合计
市场									
产品									
数量									
账期									
销售额									
成本									
毛利									
罚款									

组间交易明细表

买　入			卖　出		
产品	数量	金额	产品	数量	金额

产品核算统计表

	P1	P2	P3	P4	合计
数量					
销售额					
成本					
毛利					

综合管理费用明细表

项　目	金　额	备　注
管理费		
广告费		
维修费		
租　金		
转产费		
ISO 资格认证		□ISO9000　　□1SO14000
市场准入开拓		□区域　　□国内　　□亚洲　　□国际
产品研发		P2(　　)　P3(　　)　P4(　　)
其　他		
合　计		

利 润 表

项　　目	上 年 数	本 年 数
销售收入		
直接成本		
毛利		
综合费用		
折旧前利润		
折旧		
支付利息前利润		
财务收入/支出		
其他收入/支出		
税前利润		
所得税		
净利润		

资产负债表

资　　产	期初数	期末数	负债和所有者权益	期初数	期末数
流动资产：			负债：		
现金			长期负债		
应收款			短期负债		
在制品			应付账款		
成品			应交税金		
原料					
流动资产合计			负债合计		
固定资产：			所有者权益：		
土地和建筑			股东资本		
机器与设备			利润留存		
在建工程			年度净利		
固定资产合计			所有者权益合计		
资产总计			负债和所有者权益总计		

第一年总结

这是你们自主当家的第一年，感觉如何？是不是一个有收益的年度？你们的战略执行得怎样？将你的感想记录下来和你的团队分享。

学会什么，记录知识点：
企业经营遇到哪些问题？
下一年准备如何改进？

第二年运行记录(1)

企业运营流程 请按顺序执行下列各项操作		每执行完一项工作，总经理在相应的方格内画勾 会计主管在方格中填写现金收支记录			
年初	新年度规划会议				
	参加订货会/支付广告费/登记销售订单				
	制订新年度计划				
	支付应付税				
1	季初现金盘点(请填余额)				
2	更新短期贷款/还本付息/申请短期贷款(高利贷)				
3	更新应付款/归还应付款				
4	原材料入库/更新原料订单				
5	下原料订单				
6	更新生产/完工入库				
7	投资新生产线/变卖生产线/生产线转产				
8	向其他企业购买原材料/出售原材料				
9	开始下一批生产				
10	更新应收款/应收款收现				
11	出售厂房				
12	向其他企业购买成品/出售成品				
13	按订单交货				
14	产品研发投资				
15	支付行政管理费				
16	其他现金收支情况登记				
17	现金收入合计				
18	现金支出合计				
19	期末现金对账(请填余额)				
年末	支付利息/更新长期贷款/申请长期贷款				
	支付设备维护费				
	支付租金/购买厂房				
	计提折旧				( )
	新市场开拓/ISO 资格认证投资				
	结账				

第二年运行记录(2)

操作顺序	任务清单 ＼ 生产要素(P/R)	一季度			二季度			三季度			四季度		
1	季初(　　)盘点数量												
2	更新短期贷款/还本付息/申请短期贷款												
3	更新应付款/归还应付款												
4	原材料入库/更新原料订单												
5	下原料订单												
6	更新生产/完工入库												
7	新生产线投资/变卖/转产												
8	向其他企业购买/出售原材料												
9	开始下一批生产												
10	更新应收款/应收款收现												
11	出售厂房												
12	向其他企业购买/出售成品												
13	按订单交货												
14	产品研发投资												
15	支付行政管理费												
16	其他现金收支情况登记												
17	本季(　　)入库合计												
18	本季(　　)出库合计												
19	季末(　　)库存数量												

现金预算表

	1	2	3	4
期初库存现金				
支付上年应交税				
市场广告投入				
贴现费用				
支付短期贷款利息				
支付到期短期贷款				
原料采购支付现金				
转产费用				
生产线投资				
支付加工费				
产品研发投资				
收到现金前的所有支出				
应收款到期				
支付管理费用				
支付长期贷款利息				
支付到期长期贷款				
设备维护费用				
租金				
购买新建筑				
市场开拓投资				
ISO 认证投资				
其他				
库存现金余额				

要点记录

第一季度: _____

第二季度: _____

第三季度: _____

第四季度: _____

订单登记表

订单号											合计
市场											
产品											
数量											
账期											
销售额											
成本											
毛利											
罚款											

组间交易明细表

买　　入			卖　　出		
产品	数量	金额	产品	数量	金额

产品核算统计表

	P1	P2	P3	P4	合计
数量					
销售额					
成本					
毛利					

综合管理费用明细表

项　　目	金　　额	备　　注
管理费		
广告费		
维修费		
租　金		
转产费		
ISO 资格认证		□ISO9000　　□1SO14000
市场准入开拓		□区域　　□国内　　□亚洲　　□国际
产品研发		P2(　　)　　P3(　　)　　P4(　　)
其　他		
合　计		

利 润 表

项　　目	上 年 数	本 年 数
销售收入		
直接成本		
毛利		
综合费用		
折旧前利润		
折旧		
支付利息前利润		
财务收入/支出		
其他收入/支出		
税前利润		
所得税		
净利润		

资产负债表

资　　产	期初数	期末数	负债和所有者权益	期初数	期末数
流动资产：			负债：		
现金			长期负债		
应收款			短期负债		
在制品			应付账款		
成品			应交税金		
原料					
流动资产合计			负债合计		
固定资产：			所有者权益：		
土地和建筑			股东资本		
机器与设备			利润留存		
在建工程			年度净利		
固定资产合计			所有者权益合计		
资产总计			负债和所有者权益总计		

第二年总结

现在已经是第二年了，你肯定获得了很多不同于第一年的感受，渐渐从感性走向理性。将你的感想记录下来和你的团队分享。

学会什么，记录知识点：
企业经营遇到哪些问题？
下一年准备如何改进？

第三年运行记录(1)

企业运营流程 请按顺序执行下列各项操作		每执行完一项工作，总经理在相应的方格内画勾 会计主管在方格中填写现金收支记录				
年初	新年度规划会议		//////	//////	//////	//////
	参加订货会/支付广告费/登记销售订单		//////	//////	//////	//////
	制订新年度计划		//////	//////	//////	//////
	支付应付税		//////	//////	//////	//////
1	季初现金盘点(请填余额)					
2	更新短期贷款/还本付息/申请短期贷款(高利贷)					
3	更新应付款/归还应付款					
4	原材料入库/更新原料订单					
5	下原料订单					
6	更新生产/完工入库					
7	投资新生产线/变卖生产线/生产线转产					
8	向其他企业购买原材料/出售原材料					
9	开始下一批生产					
10	更新应收款/应收款收现					
11	出售厂房					
12	向其他企业购买成品/出售成品					
13	按订单交货					
14	产品研发投资					
15	支付行政管理费					
16	其他现金收支情况登记					
17	现金收入合计					
18	现金支出合计					
19	期末现金对账(请填余额)					
年末	支付利息/更新长期贷款/申请长期贷款		//////	//////	//////	
	支付设备维护费		//////	//////	//////	
	支付租金/购买厂房		//////	//////	//////	
	计提折旧		//////	//////	//////	( )
	新市场开拓/ISO资格认证投资		//////	//////	//////	
	结账		//////	//////	//////	

第三年运行记录(2)

操作顺序	生产要素 (P/R) 任务清单	一季度			二季度			三季度			四季度		
	生产总监、采购总监、销售总监使用本表记录所管理的生产要素的变化情况，如采购总监管理原材料库存，可在任务清单中的括号内填入"原材料"字样，在生产要素中填入R1、R2、R3、R4。原料出库时，在相应的单元格内，填入出库的数量(通常加"−"表示)；入库时，填入入库的数量(通常加"+"表示)。 **注：执行步骤按照任务清单的顺序号进行。**												
1	季初(　　　)盘点数量												
2	更新短期贷款/还本付息/申请短期贷款												
3	更新应付款/归还应付款												
4	原材料入库/更新原料订单												
5	下原料订单												
6	更新生产/完工入库												
7	新生产线投资/变卖/转产												
8	向其他企业购买/出售原材料												
9	开始下一批生产												
10	更新应收款/应收款收现												
11	出售厂房												
12	向其他企业购买/出售成品												
13	按订单交货												
14	产品研发投资												
15	支付行政管理费												
16	其他现金收支情况登记												
17	本季(　　　)入库合计												
18	本季(　　　)出库合计												
19	季末(　　　)库存数量												

现金预算表

	1	2	3	4
期初库存现金				
支付上年应交税				
市场广告投入				
贴现费用				
支付短期贷款利息				
支付到期短期贷款				
原料采购支付现金				
转产费用				
生产线投资				
支付加工费				
产品研发投资				
收到现金前的所有支出				
应收款到期				
支付管理费用				
支付长期贷款利息				
支付到期长期贷款				
设备维护费用				
租金				
购买新建筑				
市场开拓投资				
ISO 认证投资				
其他				
库存现金余额				

要点记录

第一季度: _____

第二季度: _____

第三季度: _____

第四季度: _____

订单登记表

订单号										合计
市场										
产品										
数量										
账期										
销售额										
成本										
毛利										
罚款										

组间交易明细表

买　入			卖　出		
产品	数量	金额	产品	数量	金额

产品核算统计表

	P1	P2	P3	P4	合计
数量					
销售额					
成本					
毛利					

综合管理费用明细表

项　目	金　额	备　注
管理费		
广告费		
维修费		
租　金		
转产费		
ISO 资格认证		□ISO9000　　□1SO14000
市场准入开拓		□区域　　□国内　　□亚洲　　□国际
产品研发		P2(　　)　P3(　　)　P4(　　)
其　他		
合　计		

利 润 表

项 目	上 年 数	本 年 数
销售收入		
直接成本		
毛利		
综合费用		
折旧前利润		
折旧		
支付利息前利润		
财务收入/支出		
其他收入/支出		
税前利润		
所得税		
净利润		

资产负债表

资 产	期初数	期末数	负债和所有者权益	期初数	期末数
流动资产:			负债:		
现金			长期负债		
应收款			短期负债		
在制品			应付账款		
成品			应交税金		
原料					
流动资产合计			负债合计		
固定资产:			所有者权益:		
土地和建筑			股东资本		
机器与设备			利润留存		
在建工程			年度净利		
固定资产合计			所有者权益合计		
资产总计			负债和所有者权益总计		

第三年总结

三年的时间是一个很长的时间跨度，回过头审视你们的战略是否成功？ 对产品和市场做一次精确的分析有助于发现你们的利润在哪里。

学会什么，记录知识点：
企业经营遇到哪些问题？
面向未来的三年，你准备如何扬长避短，超越竞争对手。

第四年运行记录(1)

企业运营流程 请按顺序执行下列各项操作		每执行完一项工作，总经理在相应的方格内画勾 会计主管在方格中填写现金收支记录				
年初	新年度规划会议		▨	▨	▨	▨
	参加订货会/支付广告费/登记销售订单		▨	▨	▨	▨
	制订新年度计划		▨	▨	▨	▨
	支付应付税		▨	▨	▨	▨
1	季初现金盘点(请填余额)					
2	更新短期贷款/还本付息/申请短期贷款(高利贷)					
3	更新应付款/归还应付款					
4	原材料入库/更新原料订单					
5	下原料订单					
6	更新生产/完工入库					
7	投资新生产线/变卖生产线/生产线转产					
8	向其他企业购买原材料/出售原材料					
9	开始下一批生产					
10	更新应收款/应收款收现					
11	出售厂房					
12	向其他企业购买成品/出售成品					
13	按订单交货					
14	产品研发投资					
15	支付行政管理费					
16	其他现金收支情况登记					
17	现金收入合计					
18	现金支出合计					
19	期末现金对账(请填余额)					
年末	支付利息/更新长期贷款/申请长期贷款		▨	▨	▨	
	支付设备维护费		▨	▨	▨	
	支付租金/购买厂房		▨	▨	▨	
	计提折旧		▨	▨	▨	( )
	新市场开拓/ISO 资格认证投资		▨	▨	▨	
	结账		▨	▨	▨	

第四年运行记录(2)

操作顺序	生产总监、采购总监、销售总监使用本表记录所管理的生产要素的变化情况，如采购总监管理原材料库存，可在任务清单中的括号内填入"原材料"字样，在生产要素中填入 R1、R2、R3、R4。原料出库时，在相应的单元格内，填入出库的数量(通常加"−"表示)；入库时，填入入库的数量(通常加"+"表示)。 **注：执行步骤按照任务清单的顺序号进行。**												

操作顺序	任务清单　　　生产要素(P/R)	一季度			二季度			三季度			四季度		
1	季初( )盘点数量												
2	更新短期贷款/还本付息/申请短期贷款												
3	更新应付款/归还应付款												
4	原材料入库/更新原料订单												
5	下原料订单												
6	更新生产/完工入库												
7	新生产线投资/变卖/转产												
8	向其他企业购买/出售原材料												
9	开始下一批生产												
10	更新应收款/应收款收现												
11	出售厂房												
12	向其他企业购买/出售成品												
13	按订单交货												
14	产品研发投资												
15	支付行政管理费												
16	其他现金收支情况登记												
17	本季( )入库合计												
18	本季( )出库合计												
19	季末( )库存数量												

现金预算表

	1	2	3	4
期初库存现金				
支付上年应交税				
市场广告投入				
贴现费用				
支付短期贷款利息				
支付到期短期贷款				
原料采购支付现金				
转产费用				
生产线投资				
支付加工费				
产品研发投资				
收到现金前的所有支出				
应收款到期				
支付管理费用				
支付长期贷款利息				
支付到期长期贷款				
设备维护费用				
租金				
购买新建筑				
市场开拓投资				
ISO 认证投资				
其他				
库存现金余额				

要点记录

第一季度: _____

第二季度: _____

第三季度: _____

第四季度: _____

订单登记表

订单号										合计
市场										
产品										
数量										
账期										
销售额										
成本										
毛利										
罚款										

组间交易明细表

买入			卖出		
产品	数量	金额	产品	数量	金额

产品核算统计表

	P1	P2	P3	P4	合计
数量					
销售额					
成本					
毛利					

综合管理费用明细表

项　目	金　额	备　注
管理费		
广告费		
维修费		
租　金		
转产费		
ISO 资格认证		□ISO9000　　□1SO14000
市场准入开拓		□区域　　□国内　　□亚洲　　□国际
产品研发		P2(　　)　P3(　　)　P4(　　)
其　他		
合　计		

利 润 表

项　　目	上 年 数	本 年 数
销售收入		
直接成本		
毛利		
综合费用		
折旧前利润		
折旧		
支付利息前利润		
财务收入/支出		
其他收入/支出		
税前利润		
所得税		
净利润		

资产负债表

资　　产	期初数	期末数	负债和所有者权益	期初数	期末数
流动资产:			负债:		
现金			长期负债		
应收款			短期负债		
在制品			应付账款		
成品			应交税金		
原料					
流动资产合计			负债合计		
固定资产:			所有者权益:		
土地和建筑			股东资本		
机器与设备			利润留存		
在建工程			年度净利		
固定资产合计			所有者权益合计		
资产总计			负债和所有者权益总计		

第四年总结

又一个新的三年开始了，三年的管理经验已使你今非昔比。如何有效利用资源，扩大市场份额，提升利润是管理者必须关注的。

学会什么，记录知识点：
企业经营遇到哪些问题？
下一年准备如何改进？

第五年运行记录(1)

企业运营流程 请按顺序执行下列各项操作		每执行完一项工作，总经理在相应的方格内画勾 会计主管在方格中填写现金收支记录				
年初	新年度规划会议					
	参加订货会/支付广告费/登记销售订单					
	制订新年度计划					
	支付应付税					
1	季初现金盘点(请填余额)					
2	更新短期贷款/还本付息/申请短期贷款(高利贷)					
3	更新应付款/归还应付款					
4	原材料入库/更新原料订单					
5	下原料订单					
6	更新生产/完工入库					
7	投资新生产线/变卖生产线/生产线转产					
8	向其他企业购买原材料/出售原材料					
9	开始下一批生产					
10	更新应收款/应收款收现					
11	出售厂房					
12	向其他企业购买成品/出售成品					
13	按订单交货					
14	产品研发投资					
15	支付行政管理费					
16	其他现金收支情况登记					
17	现金收入合计					
18	现金支出合计					
19	期末现金对账(请填余额)					
年末	支付利息/更新长期贷款/申请长期贷款					
	支付设备维护费					
	支付租金/购买厂房					
	计提折旧					( )
	新市场开拓/ISO 资格认证投资					
	结账					

第五年运行记录(2)

操作顺序	生产总监、采购总监、销售总监使用本表记录所管理的生产要素的变化情况,如采购总监管理原材料库存,可在任务清单中的括号内填入"原材料"字样,在生产要素中填入 R1、R2、R3、R4。原料出库时,在相应的单元格内,填入出库的数量(通常加"-"表示);入库时,填入入库的数量(通常加"+"表示)。 **注:执行步骤按照任务清单的顺序号进行。**													
	任务清单　　　生产要素 (P/R)	一季度			二季度			三季度			四季度			
1	季初( )盘点数量													
2	更新短期贷款/还本付息/申请短期贷款													
3	更新应付款/归还应付款													
4	原材料入库/更新原料订单													
5	下原料订单													
6	更新生产/完工入库													
7	新生产线投资/变卖/转产													
8	向其他企业购买/出售原材料													
9	开始下一批生产													
10	更新应收款/应收款收现													
11	出售厂房													
12	向其他企业购买/出售成品													
13	按订单交货													
14	产品研发投资													
15	支付行政管理费													
16	其他现金收支情况登记													
17	本季( )入库合计													
18	本季( )出库合计													
19	季末( )库存数量													

现金预算表

	1	2	3	4
期初库存现金				
支付上年应交税				
市场广告投入				
贴现费用				
支付短期贷款利息				
支付到期短期贷款				
原料采购支付现金				
转产费用				
生产线投资				
支付加工费				
产品研发投资				
收到现金前的所有支出				
应收款到期				
支付管理费用				
支付长期贷款利息				
支付到期长期贷款				
设备维护费用				
租金				
购买新建筑				
市场开拓投资				
ISO 认证投资				
其他				
库存现金余额				

要点记录

第一季度：_____

第二季度：_____

第三季度：_____

第四季度：_____

订单登记表

订单号										合计
市场										
产品										
数量										
账期										
销售额										
成本										
毛利										
罚款										

组间交易明细表

买　入			卖　出		
产品	数量	金额	产品	数量	金额

产品核算统计表

	P1	P2	P3	P4	合计
数量					
销售额					
成本					
毛利					

综合管理费用明细表

项　目	金　额	备　注
管理费		
广告费		
维修费		
租　金		
转产费		
ISO 资格认证		□ISO9000　　□ISO14000
市场准入开拓		□区域　　□国内　　□亚洲　　□国际
产品研发		P2(　　)　P3(　　)　P4(　　)
其　他		
合　计		

利 润 表

项　　目	上　年　数	本　年　数
销售收入		
直接成本		
毛利		
综合费用		
折旧前利润		
折旧		
支付利息前利润		
财务收入/支出		
其他收入/支出		
税前利润		
所得税		
净利润		

资产负债表

资　　产	期初数	期末数	负债和所有者权益	期初数	期末数
流动资产：			负债：		
现金			长期负债		
应收款			短期负债		
在制品			应付账款		
成品			应交税金		
原料					
流动资产合计			负债合计		
固定资产：			所有者权益：		
土地和建筑			股东资本		
机器与设备			利润留存		
在建工程			年度净利		
固定资产合计			所有者权益合计		
资产总计			负债和所有者权益总计		

第五年总结

管理是科学，管理更是艺术。你已经走过了五年，一定有很多深刻的体会，那就一吐为快吧。

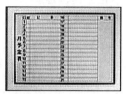

学会什么，记录知识点：
企业经营遇到哪些问题？
下一年准备如何改进？

第六年运行记录(1)

企业运营流程 请按顺序执行下列各项操作		每执行完一项工作，总经理在相应的方格内画勾 会计主管在方格中填写现金收支记录			
年初	新年度规划会议				
	参加订货会/支付广告费/登记销售订单				
	制订新年度计划				
	支付应付税				
1	季初现金盘点(请填余额)				
2	更新短期贷款/还本付息/申请短期贷款(高利贷)				
3	更新应付款/归还应付款				
4	原材料入库/更新原料订单				
5	下原料订单				
6	更新生产/完工入库				
7	投资新生产线/变卖生产线/生产线转产				
8	向其他企业购买原材料/出售原材料				
9	开始下一批生产				
10	更新应收款/应款收现				
11	出售厂房				
12	向其他企业购买成品/出售成品				
13	按订单交货				
14	产品研发投资				
15	支付行政管理费				
16	其他现金收支情况登记				
17	现金收入合计				
18	现金支出合计				
19	期末现金对账(请填余额)				
年末	支付利息/更新长期贷款/申请长期贷款				
	支付设备维护费				
	支付租金/购买厂房				
	计提折旧				( )
	新市场开拓/ISO 资格认证投资				
	结账				

第六年运行记录(2)

操作顺序	任务清单 / 生产要素 (P/R)	一季度				二季度				三季度				四季度			
	生产总监、采购总监、销售总监使用本表记录所管理的生产要素的变化情况,如采购总监管理原材料库存,可在任务清单中的括号内填入"原材料"字样,在生产要素中填入 R1、R2、R3、R4。原料出库时,在相应的单元格内,填入出库的数量(通常加"-"表示);入库时,填入入库的数量(通常加"+"表示)。 **注:执行步骤按照任务清单的顺序号进行。**																
1	季初( )盘点数量																
2	更新短期贷款/还本付息/申请短期贷款																
3	更新应付款/归还应付款																
4	原材料入库/更新原料订单																
5	下原料订单																
6	更新生产/完工入库																
7	新生产线投资/变卖/转产																
8	向其他企业购买/出售原材料																
9	开始下一批生产																
10	更新应收款/应收款收现																
11	出售厂房																
12	向其他企业购买/出售成品																
13	按订单交货																
14	产品研发投资																
15	支付行政管理费																
16	其他现金收支情况登记																
17	本季( )入库合计																
18	本季( )出库合计																
19	季末( )库存数量																

现金预算表

	1	2	3	4
期初库存现金				
支付上年应交税				
市场广告投入				
贴现费用				
支付短期贷款利息				
支付到期短期贷款				
原料采购支付现金				
转产费用				
生产线投资				
支付加工费				
产品研发投资				
收到现金前的所有支出				
应收款到期				
支付管理费用				
支付长期贷款利息				
支付到期长期贷款				
设备维护费用				
租金				
购买新建筑				
市场开拓投资				
ISO 认证投资				
其他				
库存现金余额				

要点记录

第一季度：_____

第二季度：_____

第三季度：_____

第四季度：_____

订单登记表

订单号										合计
市场										
产品										
数量										
账期										
销售额										
成本										
毛利										
罚款										

组间交易明细表

买　入			卖　出		
产品	数量	金额	产品	数量	金额

产品核算统计表

	P1	P2	P3	P4	合计
数量					
销售额					
成本					
毛利					

综合管理费用明细表

项　目	金　额	备　注
管理费		
广告费		
维修费		
租　金		
转产费		
ISO 资格认证		□ISO9000　　□1SO14000
市场准入开拓		□区域　　□国内　　□亚洲　　□国际
产品研发		P2(　　)　P3(　　)　P4(　　)
其　他		
合　计		

利 润 表

项 目	上 年 数	本 年 数
销售收入		
直接成本		
毛利		
综合费用		
折旧前利润		
折旧		
支付利息前利润		
财务收入/支出		
其他收入/支出		
税前利润		
所得税		
净利润		

资产负债表

资 产	期初数	期末数	负债和所有者权益	期初数	期末数
流动资产:			负债:		
现金			长期负债		
应收款			短期负债		
在制品			应付账款		
成品			应交税金		
原料					
流动资产合计			负债合计		
固定资产:			所有者权益:		
土地和建筑			股东资本		
机器与设备			利润留存		
在建工程			年度净利		
固定资产合计			所有者权益合计		
资产总计			负债和所有者权益总计		

第六年总结

　　培训结束了，是否有意犹未尽的感觉。结束也意味着新的开始，好好回顾一下，两天的课程，你最主要的收获是什么？关于课程有哪些建议或希望？

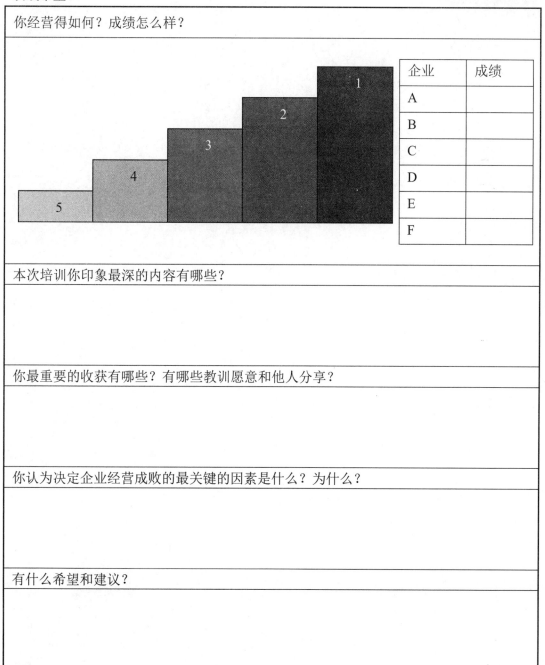

你经营得如何？成绩怎么样？

企业	成绩
A	
B	
C	
D	
E	
F	

本次培训你印象最深的内容有哪些？

你最重要的收获有哪些？有哪些教训愿意和他人分享？

你认为决定企业经营成败的最关键的因素是什么？为什么？

有什么希望和建议？

附录B 计 划 表

产品生产及设备投资计划编制举例

生产线		第 1 年				第 2 年				第 3 年			
		一季度	二季度	三季度	四季度	一季度	二季度	三季度	四季度	一季度	二季度	三季度	四季度
1 手工线	产品生产			P1	P1		P1		P2		P2		
	设备投资			4	4	4		4					
2 手工线	产品生产		P1	P1		P2		P2	P2	P2	P2	P2	
	设备投资		4	4				4					
3 手工线	产品生产	P1		P1	P1	P1		P1			P1		
	设备投资												
4 半自动	产品生产		P1	P1	P1	P2					P2		
	设备投资	R1			1								
5 ……	产品生产												
	设备投资												
6 ……	产品生产												
	设备投资												
7 ……	产品生产												
	设备投资												
合计	完工产品	1P1	2P1	1P1	2P1	1P1	1P1+1P2	2P2	1P2	1P2	1P1+3P2	1P2	
	设备投资			4	4	5	4	4	4				

说明：

"产品生产"行代表产品何时能够下线(向下的指示线表示产品下线，向上的指示线表示产品上线)或者上线; "—"代表停产。

"设备投资"行代表设备投资与转产。可以清晰地表示出开始投资期、建设周期和投资额、转产周期、转产费用和转产产品。

开工计划和需要支付的加工费、材料采购及付款计划编制举例

生产线		第1年 一季度	第1年 二季度	第1年 三季度	第1年 四季度	第2年 一季度	第2年 二季度	第2年 三季度	第2年 四季度	第3年 一季度	第3年 二季度	第3年 三季度	第3年 四季度
1 手工线	开工产品	P1				P2			P2		P2		
	加工费	1				1			1		1		
2 手工线	开工产品						P2	P2	P2	P2	P2	P2	
	加工费						1	1	1	1	1	1	
3 手工线	开工产品			P1	P1			P1			P1		
	加工费			1	1			1			1		
4 半自动	开工产品		P1				P2		P2		P2		
	加工费		1				1		1		1		
5 ……	开工产品												
	加工费												
6 ……	开工产品												
	加工费												
7 ……	开工产品												
	加工费												
生产合计	开工产品	1P1	1P1	1P1	1P1	1P2	2P2	1P1+1P2	3P2	1P2	1P1+3P2	1P2	
	加工费	1	1	1	1	1	2	2	4	1	4	1	
采购合计	材料品种	1R1	1R1	1R1		2R1+2R2	2R1+1R2	3R1+3R2	1R1+1R2	4R1+3R2	1R1+1R2		
	付款	1	1	1		4	3	6	2	7	2		

190

产品生产及设备投资计划编制（1~3 年）

生产线		第 1 年				第 2 年				第 3 年			
		一季度	二季度	三季度	四季度	一季度	二季度	三季度	四季度	一季度	二季度	三季度	四季度
1 手工线	产品生产												
	设备投资												
2 手工线	产品生产												
	设备投资												
3 手工线	产品生产												
	设备投资												
4 半自动线	产品生产												
	设备投资												
5 ……	产品生产												
	设备投资												
6 ……	产品生产												
	设备投资												
7 ……	产品生产												
	设备投资												
8 ……	产品生产												
	设备投资												
合计	完工产品												
	设备投资												

开工计划和需要支付的加工费、材料采购及付款计划编制（1~3 年）

生产线		第 1 年				第 2 年				第 3 年			
		一季度	二季度	三季度	四季度	一季度	二季度	三季度	四季度	一季度	二季度	三季度	四季度
1 手工线	开工产品												
	加工费												
2 手工线	开工产品												
	加工费												
3 手工线	开工产品												
	加工费												
4 半自动线	开工产品												
	加工费												
5 ……	开工产品												
	加工费												
6 ……	开工产品												
	加工费												
7 ……	开工产品												
	加工费												
8 ……	开工产品												
	加工费												
生产合计	开工产品												
	加工费												
采购合计	材料品种												
	付款												

186

产品生产及设备投资计划编制（4~6 年）

生产线		第 4 年				第 5 年				第 6 年			
		一季度	二季度	三季度	四季度	一季度	二季度	三季度	四季度	一季度	二季度	三季度	四季度
1 手工线	产品生产												
	设备投资												
2 手工线	产品生产												
	设备投资												
3 手工线	产品生产												
	设备投资												
4 半自动	产品生产												
	设备投资												
5 ……	产品生产												
	设备投资												
6 ……	产品生产												
	设备投资												
7 ……	产品生产												
	设备投资												
8 ……	产品生产												
	设备投资												
合计	完工产品												
	设备投资												

开工计划和需要支付的加工费、材料采购及付款计划编制（4~6 年）

生产线		第 4 年				第 5 年				第 6 年			
		一季度	二季度	三季度	四季度	一季度	二季度	三季度	四季度	一季度	二季度	三季度	四季度
1 手工线	开工产品												
	加工费												
2 手工线	开工产品												
	加工费												
3 手工线	开工产品												
	加工费												
4 半自动线	开工产品												
	加工费												
5 ……	开工产品												
	加工费												
6 ……	开工产品												
	加工费												
7 ……	开工产品												
	加工费												
8 ……	开工产品												
	加工费												
生产合计	开工产品												
	加工费												
采购合计	材料品种												
	付款												

附录 C 杜邦模型

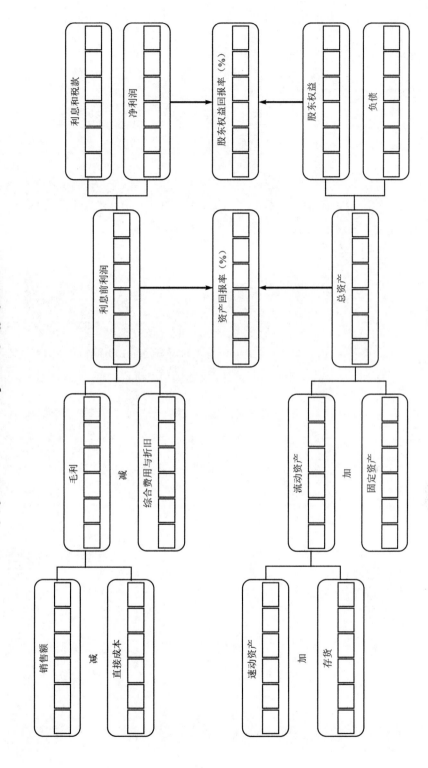

附录D

市场预测

　　这是由一家权威的市场调研机构对未来六年里各个市场的需求所做的预测,应该说这一预测有着很高的可信度。但根据这一预测进行企业的经营运作,其后果将由各企业自行承担。

　　P1 产品是目前市场上的主流产品,P2 是 P1 的技术改良产品,也比较容易获得大众的认同。

　　P3 和 P4 产品作为 P 系列产品里的高端产品,各个市场上对它们的认同度不尽相同,需求量与价格也会有较大的差异。

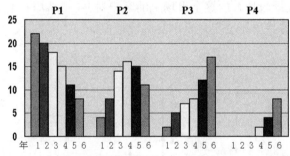

本地市场 P 系列产品需求量预测

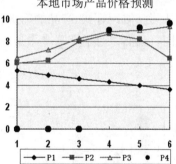

本地市场产品价格预测

　　本地市场将会持续发展,客户对低端产品的需求可能要下滑。伴随着需求的减少,低端产品的价格很有可能会逐步走低。后几年,随着高端产品的成熟,市场对 P3、P4 产品的需求将会逐渐增大。同时随着时间的推移,客户的质量意识将不断提高,后几年可能会对厂商是否通过了 ISO9000 认证和 ISO14000 认证有更多的要求。

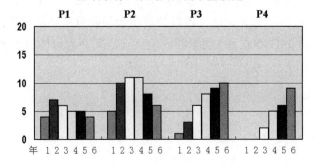

区域市场 P 系列产品需求量预测

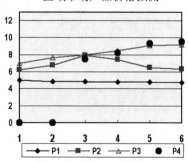

区域市场产品价格预测

　　区域市场的客户对 P 系列产品的喜好相对稳定，因此市场需求量的波动也很有可能会比较小。因其紧邻本地市场，所以产品需求量的走势可能与本地市场相似，价格趋势也应大致相同。该市场的客户比较乐于接受新的事物，因此对于高端产品也会比较有兴趣，但由于受到地域的限制，该市场的需求总量非常有限；并且这个市场上的客户相对比较挑剔，因此在后几年客户会对厂商是否通过了 ISO9000 认证和 ISO14000 认证有较高的要求。

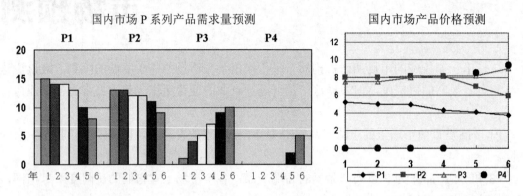

国内市场 P 系列产品需求量预测　　国内市场产品价格预测

　　因 P1 产品带有较浓的地域色彩，估计国内市场对 P1 产品不会有持久的需求。但 P2 产品因为更适合于国内市场，所以估计需求会一直比较平稳。随着对 P 系列产品新技术的逐渐认同，估计对 P3 产品的需求会发展较快，但这个市场上的客户对 P4 产品却并不是那么认同。当然，对于高端产品来说，客户一定会更注重产品的质量保证。

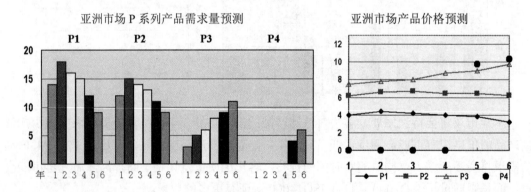

亚洲市场 P 系列产品需求量预测　　亚洲市场产品价格预测

　　这个市场上的客户喜好一向波动较大，不易把握，所以对 P1 产品的需求可能起伏较大，估计 P2 产品的需求走势也会与 P1 相似。但该市场对新产品很敏感，因此估计对 P3、P4 产品的需求会发展较快，价格也比较贵。另外，这个市场的消费者很看重产品的质量，所以在今后几年里，如果厂商没有通过 ISO9000 和 ISO14000 的认证，其产品可能很难销售。

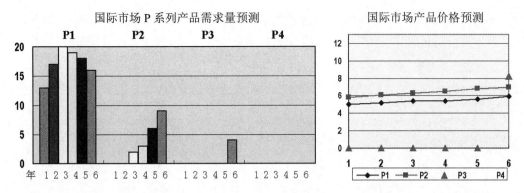

国际市场 P 系列产品需求量预测　　　　国际市场产品价格预测

进入国际市场可能需要一个较长的时期。有迹象表明，目前这一市场上的客户对 P1 产品已经有所认同，需求也会比较旺盛。对于 P2 产品，客户将会谨慎地接受，但仍需要一段时间才能被市场所接受。对于新兴的技术，这一市场上的客户将会以观望为主，因此对于 P3 和 P4 产品的需求将会发展极慢。因为产品需求主要集中在低端，所以客户对于 ISO 的要求并不如其他几个市场那么高，但也不排除在后期会有这方面的需求。

附录 E 分组竞单表

（　　）组

第 一 年

（本地）

产品	广告	单额	数量 9K	14K
P1				
P2				
P3				
P4				

（区域）

产品	广告	单额	数量 9K	14K
P1				
P2				
P3				
P4				

（国内）

产品	广告	单额	数量 9K	14K
P1				
P2				
P3				
P4				

（亚洲）

产品	广告	单额	数量 9K	14K
P1				
P2				
P3				
P4				

（国际）

产品	广告	单额	数量 9K	14K
P1				
P2				
P3				
P4				

第 二 年

（本地）

产品	广告	单额	数量 9K	14K
P1				
P2				
P3				
P4				

（区域）

产品	广告	单额	数量 9K	14K
P1				
P2				
P3				
P4				

（国内）

产品	广告	单额	数量 9K	14K
P1				
P2				
P3				
P4				

（亚洲）

产品	广告	单额	数量 9K	14K
P1				
P2				
P3				
P4				

（国际）

产品	广告	单额	数量 9K	14K
P1				
P2				
P3				
P4				

第 三 年

（本地）

产品	广告	单额	数量 9K	14K
P1				
P2				
P3				
P4				

（区域）

产品	广告	单额	数量 9K	14K
P1				
P2				
P3				
P4				

（国内）

产品	广告	单额	数量 9K	14K
P1				
P2				
P3				
P4				

（亚洲）

产品	广告	单额	数量 9K	14K
P1				
P2				
P3				
P4				

（国际）

产品	广告	单额	数量 9K	14K
P1				
P2				
P3				
P4				

（　）组

第 四 年

产品	（本地）广告	单额	数量 9K	14K	（区域）广告	单额	数量 9K	14K	（国内）广告	单额	数量 9K	14K	（亚洲）广告	单额	数量 9K	14K	（国际）广告	单额	数量 9K	14K
P1																	╳	╳	╳	╳
P2																	╳	╳	╳	╳
P3																	╳	╳	╳	╳
P4																	╳	╳	╳	╳

第 五 年

产品	（本地）广告	单额	数量 9K	14K	（区域）广告	单额	数量 9K	14K	（国内）广告	单额	数量 9K	14K	（亚洲）广告	单额	数量 9K	14K	（国际）广告	单额	数量 9K	14K
P1																				
P2																				
P3																				
P4																				

第 六 年

产品	（本地）广告	单额	数量 9K	14K	（区域）广告	单额	数量 9K	14K	（国内）广告	单额	数量 9K	14K	（亚洲）广告	单额	数量 9K	14K	（国际）广告	单额	数量 9K	14K
P1																				
P2																				
P3																				
P4																				